자유종 · 애국 부인전

이해조 / 장지연 / 신채호

구마검 / 꿈하늘

SR&B(새로본닷컴)

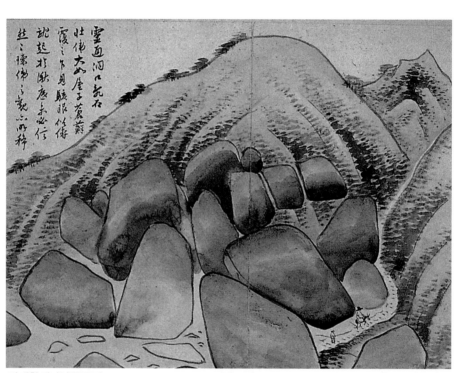

강세황의 〈영통동구〉

〈베스트 논술 한국대표문학(전60권)〉을 펴내며

어린 시절의 독서는 평생의 이성과 열정을 보장해 줄 에너지의 탱크를 채우는 일입니다. 인생의 지표를 세울 수 있는 가장 믿을 만한 방법이기도 합니다.

새로 접하는 사물의 이치를 터득하려면 그 정보를 대뇌 속에 담는 프로그램이 마련되어 있어야 합니다. 그 프로그램을 구축하는 가장 효과적인 방법이 지속적인 독서입니다. 독서는 책과 나의 쌍방향적인 대화이며 만남이며 스킨십입니다.

그러나 단순한 독서만으로는 생각하는 힘과 정확히 표현하는 힘을 키울 수 없습니다. 〈베스트 논술 한국대표문학〉은 이에 유의하여 다음과 같이 편찬하였습니다.

① 초·중·고 교과서에 실린 고전 및 현대 문학 작품부터 〈삼국유사〉, 〈난중일기〉, 〈목민심서〉 등 우리의 정신을 일깨워 주고 우리에게 지혜와 용기를 준 '위대한 한국 고전'에 이르기까지 한 권 한 권을 가려 뽑았습니다.

② 각 권의 내용과 특성을 분석하여, '작가와 작품 스터디', '논술 가이드' 등을 덧붙여 생각하는 힘, 표현하는 힘을 키울 수 있도록 각 분야의 권위 학자, 논술 전문가들이 심혈을 기울였습니다.

③ 특히 현대 문학 부문은 최근 학계에서, 이 때까지의 오류를 바로잡아 정확한 텍스트를 확정한 것을 반영하였고, 고전 부문은 쉽고 아름다운 현대 국어로 재현하였습니다.

④ 각 작품에 관련된 작가의 고향을 비롯한 작품의 배경, 작품의 참고 자료 등을 일일이 답사 촬영하거나 수집·정리하여 화보로 꾸몄고, 각 작품의 갈피 갈피마다 아름다운 그림을 넣어, 작품에 좀더 친근감 있게 접근할 수 있도록 하였습니다.

이 〈베스트 논술 한국대표문학〉이 여러분이 '큰 사람', '슬기로운 사람'이 되는 데 충실한 밑거름이 되기를 바랍니다.

〈베스트 논술 한국대표문학〉 편찬위원회

이해조 〈자유종〉의 본문

〈자유종〉의 표지

이해조 부부

〈애국부인전〉의 모델이 된 프랑스의 잔 다르크

장지연

고종이 1년간 머물렀던 러시아 공사관

황성 신문에 실린 장지연의 논설 〈시일야방성대곡〉

일본의 위협으로부터 피신한 고종

명성 황후 추모비. 장지연은 명성 황후가 일본인 난동자에게 시해 되자 의병의 궐기를 호소하는 격 문을 지어 여러 지방에 돌렸다.

신채호

신채호가 쓴 〈을지문덕〉

단재 신채호의 사적비

신채호 동상

대구 국채 보상 운동 공원 내 국채 보상 운동 취지문. 신채호는 1907년 신민회에 들어가서 국채 보상 운동에 참가하였다.

대구 국채 보상 운동 기념비

1921년, 신채호는 베이징으로 가서 중화 일보에 논설을 썼다.

대구 국채 보상 공원

차례

이해조

자유종

구마검

자유종

(설헌) "천지간 만물 중에 동물되기 희한하고, 천만 가지 동물 중에 사람되기 극난하다*. 그같이 희한하고 그같이 극난한 동물 중 사람이 되어 압제를 받아 자유를 잃게 되면 하늘이 주신 사람의 직분을 지키지 못함이어늘, 하물며 사람 사이에 여자 되어 남자의 압제를 받아 자유를 빼앗기면 어찌 희한코 극난한 동물 중 사람의 권리를 스스로 버림이 아니라 하리오.

여보, 여러분, 나는 옛날 태평 시대에 숙부인까지 바쳤더니 지금은 가련한 민족 중의 한 몸이 된 신설헌이올시다.

오늘 이매경 씨 생신에 청첩을 인하여 왔더니 마침 홍국란 씨와 강금운 씨와 그 외 여러 귀중하신 부인들이 만좌하셨으니* 두어 말씀하오리다.

이전 같으면 오늘 이러한 잔치에 취하고 배부르면 무슨 걱정 있으리까

---

* 극난(極難)하다 극히 어렵다.
* 만좌(滿座)하다 여러 사람이 자리에 가득하다.

마는, 지금 시대가 어떠한 시대며 우리 민족은 어떠한 민족이오? 내 말이 연설 체격과 흡사하나 우리 규중 여자도 결코 모를 일이 아니올시다.

일본도 삼십 년 전 형편이 우리 나라보다 우심하여 혹 천하대세라 혹 자국전도*라 말하는 자는 미친 자라 괴악한 사람이라 지목하고 인류로 치지 않더니, 점점 연설이 크게 열리매 전도하는 교인같이 거리거리 떠드나니 국가 형편이요, 부르나니 민족 사세라, 이삼 인 못거지*라도 술잔을 대하기 전에 소회를 말하고 마시니, 전국 남녀들이 십여 년을 한담도 끊고 잡담도 끊고 언필칭 국가라 민족이라 하더니, 지금 동양에 제일 제이 되는 일대 강국이 되었습니다.

오늘 우리 나라는 어떠한 비참지경이오? 세월은 물같이 흘러가고 풍조는 날로 닥치는데, 우리 비록 아홉 폭 치마는 둘렀으나 오늘만도 더 못한 지경을 또 당하면 상전벽해가 눈결에 될지라. 하늘을 부르면 대답이 있나, 부모를 부르면 능력이 있나, 가장을 부르면 무슨 방책이 있나, 고대광실 뉘가 들며 금의옥식 내 것인가. 이 지경이 이마에 당도했소. 우리 삼사 인이 모였든지 오륙 인이 모였든지 어찌 심상한 말로 좋은 음식을 먹으리까. 승평 무사할 때에도 유의유식은 금법이어든 이 시대에 두 눈과 두 귀가 남과 같이 총명한 사람이 어찌 국가의 의식만 축내리까. 우리 재미있게 학리상으로 토론하여 이 날을 보냅시다."

(매경) "절당* 절당하오이다. 오늘이 참 어떠한 시대요. 이같이 수참* 하고 통곡할 시대에 나 같은 요마한 여자의 생일 잔치가 왜 있겠소마는 변변치 못한 술잔으로 여러분을 청하기는 심히 부끄럽고 죄송하나 본의인즉 첫째는 여러분 만나 뵈옵기를 위하고, 둘째는 좋은 말씀을 듣고자 함이올시다.

---

* **자국전도**(自國前途) 자기 나라가 나아갈 길.
* **못거지** '모꼬지'의 사투리. 놀이나 잔치 등의 일로 여러 사람이 모이는 일.
* **절당**(切當) 사리에 꼭 들어맞음.
* **수참**(愁慘) 몹시 비참함.

남자들은 자주 상종하여 지식을 교환하지마는 우리 여자는 한번 만나기 졸연 하오니까. 〈예기〉에 가로되, 여자는 안에 있어 밖의 일을 말하지 말라 하였고, 〈시전〉에 가로되 오직 술과 밥을 마땅히 할 뿐이라 하였기로 층애절벽 같은 네 기둥 안에서 나고 자라고 늙었으니, 비록 사마 자장(본명은 사마천)의 재주 있을지라도 보고 듣는 것이 있어야 아는 것이 있지요.

　이러므로 신체 연약하고 지각이 몽매하여 쌀이 무슨 나무에 열리는지, 도미를 어느 산에서 잡는지 모르고, 다만 가장의 비위만 맞춰, 앉으라면 앉고 서라면 서니, 진소위* 밥 먹는 안석이요, 옷 입은 퇴침이라, 어찌 인류라 칭하리까.

　그러나 그는 오히려 현철한 부인이라, 행검* 있는 부인이라 하겠지마는, 성품이 괴악하고 행실이 불미하여 시앗(첩)에 투기하기, 친척에 이간하기, 무당 불러 굿하기, 절에 가서 불공하기, 제반악징* 은 소위 대갓집 부인이 더합니다. 가도가 무너지고 수욕이 자심하니 이것이 제 한 집안 일인 듯하나 그 영향이 실로 전국에 미치니 어찌 한심치 않으리까.

　그런 부인이 생산도 잘 못하고 혹 생산하더라도 어찌 쓸 자식을 낳으리오. 태내 교육부터 가정 교육까지 없으니 제가 생지*의 바탕이 아닌 바에 맹모의 삼천하시던 교육이 없이 무슨 사람이 되리오. 그러나 재상도 그 자제요, 관찰 군수도 그 자제니 국가의 정치가 무엇인지, 법률이 무엇인지 어찌 알겠소. 우리 비록 여자나 무식을 면치 못함을 항상 한탄하더니, 다행히 오늘 여러분 고명하신 부인께서 왕림하여 좋은 말씀 들려주시니 대단히 기꺼운 일이올시다."

　(설헌) "변변치 못한 구변이나 내 먼저 말씀하오리다. 우리 대한의 정

---

* 진소위(眞所謂) 정말, 그야말로.
* 행검(行檢) 점잖고 바른 품행.
* 제반악징(諸般惡徵) 여러 가지 불길한 징조.
* 생지(生知) 생이지지(生而知之)의 준말. 나면서부터 도를 앎.

계가 부패함도 학문 없는 연고요, 민족의 부패함도 학문 없는 연고요, 우리 여자도 학문 없는 연고로 기천 년 금수 대우를 받았으니 우리 나라에도 제일 급한 것이 학문이요, 우리 여자 사회도 제일 급한 것이 학문인즉 학문 말씀을 먼저 하겠소.

우리 이천만 민족 중에 일천만 남자들은 응당 고명한 학교를 졸업하여 정치·법률·군제·농·상·공 등 만 가지 사업에 족하겠지마는, 우리 일천만 여자들은 학문이 무엇인지 도무지 모르고 유의유식으로 남자만 의뢰하여 먹고 입으려 하니 국세가 어찌 빈약하지 아니하겠소? 옛말에 백지장도 맞들어야 가볍다 하였으니 우리 일천만 여자도 일천만 남자의 사업을 백지장과 같이 거들었으면 백 년에 할 일을 오십 년에 할 것이요, 십 년에 할 일을 다섯 해면 할 것이니 그 이익이 어떠하오. 나라의 독립도 거기 있고 인민의 자유도 거기 있소. 세계 문명국 사람들은 남녀 학문과 기예가 차등이 없고, 여자가 남자보다 해산하는 재주 한 가지가 더하다 하며, 혹 전쟁이 있어 남자가 다 죽어도 겨우 반구비라 하니, 그 여자의 창법·검술까지 통투함을 가히 알겠도다.

사람마다 대성인 공부자* 아니어든 어찌 생이지지하리오. 법국(프랑스) 파리 대학교에서 토론회를 열매 가편은 사람을 가르치지 못하면 금수와 같다 하고, 부편은 사람이 천생 한 성질이니 비록 가르치지 아니할지라도 어찌 금수와 같으리오 하여 경쟁이 대단하되 귀결치 못하였더니, 학도들이 실지를 시험코자 하여 무부모한 아해들을 사다가 심산궁곡에 집 둘을 짓되 네 벽을 다 막고 문 하나만 뚫어 음식과 대소변을 통하게 하고 그 아해를 각각 그 속에서 기를 새 칠팔 년이 된 후 그 아

---

* **공부자**(孔夫子) '공자'의 높임말. 유교의 창시자(기원전 552~기원전 479)로, 세계 4대 성인의 한 사람임.

공자

해를 학교로 데려오니 제가 평생에 사람 많은 것을 보지 못하다가 육칠 층 양옥에 인산인해됨을 보고 크게 놀라 서로 돌아보며 하나는 꼭고댁 꼭고댁 하고 하나는 끼익끼익 하니, 이는 다름아니라 제 집에 아무것도 없고 다만 닭과 돼지만 있는데, 닭이 놀라면 꼭고댁하고 돼지가 놀라면 끼익끼익 하는 고로 그 아해가 지금 놀라운 일을 보고, 그 소리가 각각 본 대로 난 것이니 그것도 닭과 돼지의 교육을 받음이라. 학생들이 이 것을 본 후에 사람을 가르치지 아니하면 금수와 다름없음을 깨달아 가 편이 득승하였다 하니, 이로 보건대 우리 여자가 그와 다름이 무엇이 오. 일용 범절에 여간 안다는 것이 저 아해의 꼭고댁 · 끼익보다 얼마나 낫소이까. 우리 여자가 기천 년을 암매하고* 비참한 경우에 빠져 있었 으니 이렇고야 자유권이니 자강력이니 세상에 있는 줄이나 알겠소.

일생에 생사고락이 남자 압제 아래 있어, 말하는 제용*과 숨쉬는 송 장을 면치 못하니 옛 성인의 법제가 어찌 이러하겠소. 〈예기〉에도 여인 스승이 있고 유모를 택한다 하였고, 〈소학〉에도 여자 교육이 첫편이니 어찌 우리 나라 여자 같은 자고송이 있단 말이오.

우리 나라 남자들이 아무리 정치가 밝다 하나 여자에게는 대단히 적 악하였고*, 법률이 밝다 하나 여자에게는 대단히 득죄하였습니다. 우 리는 기왕이라 말할 것 없거니와 후생이나 불가불 교육을 잘하여야 할 터인데 권리 있는 남자들은 꿈도 깨지 못하니 답답하오. 남자들 마음에 는 아들만 귀하고 딸은 귀치 아니한지 일 분자라도 귀한 생각이 있으면 사지오관을 구비한 자식을 어찌 차마 금수와 같이 길러 이 같은 고해에 빠지게 하는고. 그 아들 가르치는 법도 별수는 없습니다. 〈사략통감〉으 로 제일등 교과서를 삼으니 자국 정신은 간데없고 중국 혼만 길러서 언

---

* **암매(暗昧)하다** 어리석고 못나서 생각이 어둡다.
* **제용** '제웅'의 사투리. 제웅이란 짚으로 사람의 형상을 만든 것인데, 음력 정월 열나흗날 저녁에
　이것에 옷을 해입히고 푼돈도 넣고 이름과 생년을 적어서 길가에 버림으로써 그 해의 액막이를 함.
* **적악(積惡)하다** 남에게 못된 짓을 많이 하다.

필칭 '좌전'이라 '강목'이라 하며 남의 나라 기천 년 흥망성쇠만 의논하고 내 나라 빈부강약은 꿈도 아니 꾸다가 오늘 이 지경을 당하였소.

이태리국 역비다 산에 올차학이라는 구멍이 있어 해수로 통하였더니 홀연 산이 무너져 구멍 어구가 막힌지라. 그 속이 칠야같이 캄캄한데 본래 있던 고기들이 나오지 못하고 수백 년을 생장하여 눈이 있으나 쓸 곳이 없더니, 어구의 막혔던 흙이 해마다 바닷물에 패어 가며 일조에 구멍이 도로 열리매, 밖의 고기가 들어와 수없이 잡아먹되, 그 안에 있던 고기는 눈을 멀뚱멀뚱 뜨고도 저해하려는 것을 전연 모르고 절로 밀려 어구 밖에 혹 나왔으나 못 보던 눈이 졸지에 태양을 당하매, 현기가 나며 정신이 없어 어릿어릿하더라 하니, 그와 같이 대문·중문 꽉꽉 닫고 밖에 눈이 오는지 비가 오는지 도무지 알지 못하고 살던 우리 나라 이왕 교육은 올차학 교육이라 할 만하니 그 교육받은 남자들이 무슨 정신으로 우리 정치를 생각하겠소. 우리 여자의 말이 쓸데없을 듯하나 자국의 정신으로 하는 말이니, 오히려 만국 공사의 헛담판보다 낫습니다. 여러분 부인들은 대한 여자 교육계의 별방침을 연구하시오."

(금운) "여보, 설헌 씨는 학문 설명을 자세히 하셨으나 그 성질과 형편이 그래도 미진한 곳이 있습니다. 우리 나라 지식을 보통케 하려면 그 소위 무슨 변에 무슨 자, 무슨 아래 무슨 자라는, 옛날 상전으로 알던 중국 글을 폐지하여야 필요하겠소. 대저 글이라 하는 것은 말과 소와 같아서 그 나라의 범백정신을 실어 두나니, 우리 나라 소위 한문은 곧 지나(중국)의 말과 소리라. 다만 지나의 정신만 실었으니 우리 나라 사람이야 평생을 끌고 당긴들 무슨 이익이 있겠소. 그런 중에 그 말과 소가 대단히 사나워 좀체 사람은 끌지 못하오.

그 글은 졸업 기한이 없고 일평생을 읽을지라도 이태백·한퇴지는 못 되며, 혹 상등으로 총명한 자가 물 쥐어 먹고 십 년 이십 년을 읽어서 실재라, 거벽이라 하여 눈앞에 영웅이 없고, 세상이 돈짝만 하여 내가 내로라고 도리질치더라도 그 사람더러 정치를 물으면 모른다, 법률을 물으면 모른다, 철학·화학·이학을 물으면 모르노라, 농학·상학·공학을 물으면 모르노라, 그러면 우리 대종교 공부자 도학의 성질은 어떠하냐 묻게 되면, 공자님은 광수의* 입으셨지 하여 가장 도통을 이은 듯이 여기니, 다만 광수의만 입고 꿇어만 앉았으면 사람마다 천만년 종교 부자가 되오리까?

공자님은 춤도 추시고 노래도 하시고 풍류도 하시고 선비도 되시고 문장도 되시고 장수가 되셔도 가하고 정승이 되셔도 가하고 천자도 가히 되실 신성하신 우리 공부자님을, 어찌하여 속은 컴컴하고 외양만 번주그레한 위인들이 광수의만 입고 꿇어만 앉아 공자님 도학이 이뿐이라 하여 고담준론을 하면서 이렇게 하여야 집을 보존하고 인군을 섬긴다 하여 자기 자손뿐 아니라 남의 자제까지 연골에 버려 골생원님이 되게 하니, 그런 자들은 종교에 난적이요, 교육에 공적이라 공자님께서 대단히 욕보셨소. 설사 공자님이 생존하셨을지라도 오히려 북을 울려 그자들을 벌하셨으리다.

그만도 못한, 승부꾼이라 일차꾼이라 하는 자는 천시도 모르고 지리도 모르고, 다만 의취 없는 강남풍월한 다년이라. 뜻도 모르는 것은 원코 형코라 하여 국가의 수용하는 인재 노릇을 하였으니 그렇고야 어찌 나라가 이 지경이 아니 되겠소?

대체 글을 무엇에 쓰자고 읽소. 사리를 통하려고 읽는 것인데 내 나라 지지*와 역사를 모르고서 〈제갈량전〉과 〈비사맥(비스마르크)전〉을 천만 번이나 읽은들 현금 비참한 지경을 면하겠소? 일본 학교 교과서를 보시오. 소학교 교과하는 것은 당초에 대한이라 청국이라는 말도 없이 다만 자국 인물이 어떠하고 자국 지리가 어떠하다 하여 자국 정신이 굳

---

* 광수의(廣袖衣) 폭이 넓은 소매 옷.
* 지지(地誌) 지리에 관한 사항을 적은 책.

은 후에 비로소 만국 역사와 만국 지지를 가르치니, 그런 고로 무론 남녀하고 자국의 보통 지식 없는 자가 없어 오늘날 저러한 큰 세력을 얻어 나라의 영광을 내었소.

우리 나라 남자들은 거룩하고 고명한 학문이 있는 듯하나 우리 여자 사회에야 그 썩고 냄새나는 천지현황* 글자나 아는 사람 몇이나 되오? 남자들은 응당 귀도 있고 눈도 있으리니, 타국 남자와 같은 학문을 힘쓰려니와 우리 여자도 타국 여자와 같이 지식이 있어야 우리 대한 삼천 리 강토도 보전하고, 우리 여자 누백 년 금수도 면하리니, 지식을 넓히려면 하필 어렵고 어려운, 십 년 이십 년 배워도 천치를 면치 못할 학문이 쓸 데 있소? 불가불 자국 교과를 힘써야 되겠다 합니다."

(국란) "아니오, 우리 나라가 가뜩 무식한데 그나마 한문도 없어지면 수모(해파리) 세계를 만들려오? 수모란 것은 눈이 없이 새우를 따라다니면서 새우 눈을 제 눈같이 아나니 수모 세계가 되면 새우는 어디 있나, 아니 될 말이오. 졸지에 한문을 없이 하고 국문만 힘쓰면 무슨 별 지식이 나리까? 나도 한문을 좋다 하는 것은 아니나 형편으로 말하면 요순*이래 치국평천하 하는 법과 수신제가 하는 천사 만사가 모두 한문에 있으니 졸지에 한문을 없애고 국문만 쓰면, 비유컨대 유리창을 떼어 버리고 흙벽 치는 셈이요, 국문은 우리 나라 세종대왕께서 만드실 때 적공이 대단하셨소.

사신을 여러 번 중국에 보내어 그 성음 이치를 알아다가 자모음을 만드시니, 반절(훈민정음)이 그것이오.

우리 세종대왕 근로하신 성덕은 다 말씀할 수 없거니와 반절 몇 줄에 나라 돈도 많이 들었소. 그렇건마는 백성들은 죽도록 한문자만 숭상하고 국문은 버려 두어서 암클이라 지목하여 부인이나 천인이 배우되

---

* **천지현황**(天地玄黃) 천자문의 첫번째 구절. 하늘의 검은색과 땅의 누른색.
* **요순**(堯舜) 중국 고대의 요임금과 순임금. 덕으로 천하를 다스려 태평한 시절을 이루었음.

반절만 깨치면 다시 읽을 것이 없으니, 보는 것은 다만 〈춘향전〉, 〈심청전〉, 〈홍길동전〉 등뿐이라. 〈춘향전〉을 보면 정치를 알겠소, 〈심청전〉을 보면 법률을 알겠소, 〈홍길동전〉을 보아 도덕을 알겠소. 말할진대 〈춘향전〉은 음탕 교과서요, 〈심청전〉은 처량 교과서요, 〈홍길동전〉은 허황 교과서라 할 것이니, 국민을 음탕 교과서로 가르치면 어찌 풍속이 아름다우며, 처량 교과서로 가르치면 어찌 장진지망이 있으며, 허황 교과서로 가르치면 어찌 정대한 기상이 있으리까?

우리 나라 난봉 남자와 음탕한 여자의 제반 악징이 다 이에서 나니 그 영향이 어떠하오.

혹 발명하려면 〈춘향전〉을 누가 가르쳤나, 〈심청전〉을 누가 배우라나, 〈홍길동전〉을 누가 읽으라나, 비록 읽으라 할지라도 다 제게 달렸지 할 터이나, 이것이 가르친 것보다 더하지, 휘문의숙 같은 수층 양옥과 보성 학교 같은 넓은 교정에 칠판·괘종·책상·걸상을 벌여 놓고 고명한 교사를 월급을 주어 가르치는 것보다 더 심하오. 그것은 구역과 시간이나 있거니와 이것은 구역도 없고 시간도 없이 전국 남녀들이 자유권으로 틈틈이 보고 곳곳이 읽으니 그 좋은 몇 백만 청년을 음탕하고 처량하고 허황한 구멍에 쓸어 묻는단 말이오.

그나 그뿐이오, 혹 기도하면 아해를 낳는다, 혹 산신이 강림하여 복을 준다, 혹 면례를 잘하여 부귀를 얻는다, 혹 불공하여 재액을 막는다, 혹 돌구멍에서 용마가 났다, 혹 신선이 학을 타고 논다, 혹 최 판관이 붓을 들고 앉았다 하는 제반 악징의 괴괴망측한 말을 다 국문으로 기록하여 출판한 판책도 많고 등출한 세책도 많아 경향 각처에 불똥 튀어 박히듯 없는 집이 없으니 그것도 오거서라 평생을 보아도 못 다 보오.

그 책을 나도 여간 보았거니와 좋은 종이에 주옥 같은 글씨로 세세성문하여 혹 이삼 권 혹 수십여 권 되는 것이 많고 백 권 내외 되는 것도 있으니, 그 자본은 적으며 그 세월은 얼마나 허비하였겠소. 백해무리한 그 책을 값을 주고 사며 세를 주고 얻어 보니 그 돈은 헛돈이 아니오. 국문 폐단은 그러하지마는 지금 금운 씨의 말과 같이 한문을 전폐하고 국문만 쓸진대 〈춘향전〉, 〈심청전〉, 〈홍길동전〉이 되겠소. 괴악망측한 소설이 제자백가가 되겠소. 그는 다 나의 분격한 말이라, 나도 항상 말하기를, 자국 정신을 보존하려면 국문을 써야 되겠다 하지마는 그 방법은 졸지에 계획할 수 없습니다.

가령 남의 큰 집에 들었다가 그 집이 본래 남의 집이라 믿음성이 없다 하고 떠나려면, 한편으로 차차 재목을 준비하고 목수·석수를 불러 시역할새, 먼저 배산임수 좋은 곳에 터를 닦아 모월 모일 모시에 입주하고, 일대 문장에게 상량문을 받아 아랑위아랑위하는 소리에 수십 척 들보를 높이 얹고 정당 몇 간, 침실 몇 간, 행랑 몇 간을 예산대로 세워 놓으니, 차방·다락 조밀하고 도배·장판 정쇄한데, 우리 나라 효자·열녀의 좋은 말씀을 문장·명필의 고명한 솜씨로 기록하여 부벽, 주련으로 여기저기 붙이고 나도 내 집 사랑한다는 대자 현판을 정당에 높이 단 연후에 그제야 세간 집물을 옮겨다가 쌓을 데 쌓고 놓을 데 놓아 질자배기, 부지깽이 한 개라도 서실이 없어야 이사한 해가 없나니, 만일 옛집을 남의 집이라 하여 졸지에 몸만 나오든지 그 집을 비워 주인을 맡기면 어디로 가자는 말이오.

우리 나라 국문은 좋은 글이나 닦달 아니 한 재목과 같으니 만일 한문을 버리고 국문만 쓰려면 한문에 있는 천만사와 천만법을 국문으로 번역하여 유루*한 것이 없은 연후에 서서히 한문을 폐하여 지나 사람을 되 주든지 우리가 휴지로 쓰든지 하고, 그제야 국문을 가위* 글이라 할 것이니, 이 일을 예산한즉 오십 년 가량이라야 성공하겠소.

만일 졸지에 한문을 없이 하려면 남의 집이라고 몸만 나오는 것과 무

---

* 유루(遺漏) 빠지거나 새어 나가는 것.
* 가위(可謂) 한 마디로 이르자면, 또는 그런 뜻에서 참으로.

엇이 다르오. 남의 집은 주인이 있어 혹 내어 놓으라고 독촉도 하려니와 한문이야 누가 내어 놓으라 하는 말 있소? 서서히 형편을 보아 폐지함이 가할 것이오.

국문만 쓸지라도 옛날 보던 〈춘향전〉이니 〈홍길동전〉이니 〈심청전〉이니 그 외의 여러 가지 음담패설을 다 엄금하여야 국문에 영향이 정대하고 광명하지, 그렇지 못하면 수천 년 숭상하던 한문을 잃어버리니 정대한 국문만 쓸진대 누가 편리치 않다 하오리까.

가령 한문의 부자·군신이 국문의 부자·군신과 경중이 있소, 국문의 백 냥·천 냥이 한문의 백 냥·천 냥과 다소가 있소? 국문으로 패독산* 방문*을 내어도 발산되기는 일반이요, 국문으로 삼해주* 방법을 빙거*하여도 취하기는 한 모양이오. 국문으로 욕설하면 탓하지 않겠소, 한문으로 칭찬하면 더 좋아하겠소? 국문의 호랑이도 무섭고, 국문의 원앙새도 어여쁘다.

국문과 한문이 다름없으나 어찌 우리 여자 권리로 연혁을 확정하리오. 문부 관리들 참 딱한 것이 국문은 쓰든지 아니 쓰든지 그 잡담 소설이나 금하였으면 좋겠소. 그것 발매하는 자들이 투전 장사나 다름없나니 투전은 재물이나 상하려니와 음담 소설은 정신조차 버리오. 문부 관리들 그 아니 답답하오? 청년 남녀의 정신 잃는 것을 어찌 차마 앉아 보기만 하오. 학무국은 무슨 일들 하며, 편집국은 무슨 일들 하는지 저러한 관리를 믿다가는 배꼽에 노송나무가 나겠소. 우리 여자 사회가 단체하여 문부 관리에게 질문 한번 하여 보옵시다."

(매경) "여보, 사회 단체가 그리 용이하오? 우리 나라 백 년 이하 각

＊패독산(敗毒散) 감기, 몸살을 다스리는 약의 이름.
＊방문(方文) 약방문의 준말. 약을 짓기 위하여 약 이름과 분량을 적은 종이.
＊삼해주(三亥酒) 술의 한 가지.
＊빙거(憑據) 어떤 사실을 증명할 만한 근거 또는 그러한 근거를 대는 일.

항 단체를 내 대강 말하오리다. 관인 사회는 말할 것도 없거니와 종교 사회로 말할지라도 물론 어느 나라라고 종교 없이 어찌 사오. 야만 부락의 코끼리에게 절하는 것과, 태양에게 비는 것과, 불과 물을 위하는 것을 웃기는 웃거니와 그 진리를 연구하면 용혹무괴*요. 만일 다수한 국민이 겁내는 것도 없고 의귀할 곳도 없고 존칭할 것도 없으면 어찌 국민의 질서가 있겠소. 약육 강식하는 금수 세계만도 못하리다.

그런고로 태서(서양) 정치가에서 남의 나라의 강약 허실을 살피려면 먼저 그 나라 종교 성질을 본다 하니 그 말이 유리하오. 만일 종교에 의귀할 바이 없으면 비록 인물이 번성하고 토지가 강대한 나라로 군부에 대포가 가득하고 탁지*에 금전이 가득하고 공부에 기계가 가득할지라도 수백 년 전 남미 인종과 다름없으리다.

동 · 서양 종교 수효와 범위를 말씀하건대 회회교(이슬람교) · 희랍교 · 토숙탄교 · 천주교 · 기독교 · 불교와 그 외의 여러 교가 각각 범위를 넓혀 세계에 세력을 확장하되 저 교는 그르다, 이 교는 옳다 하여 경쟁하는 세력이 대포 장창보다 맹렬하니, 그 중에 망하는 나라도 많고 흥하는 사람도 많소.

우리 동양 제일 종교는 세계의 독일무이하신, 대성지성하신 공부자 아니시오. 그 말씀에 정대한 부자 · 군신 · 부부 · 형제 · 붕우에 일용 상행하는 일을 의논하사 사람으로 하여금 사람되는 도리를 가르치시니, 그 성덕이 거룩하시고 융성하시며 향념하시는 마음이 일광과 같으사 귀천 남녀 없이 다 비추이건마는 우리 나라는 범위를 좁혀서 남자만 종교를 알지 여자는 모를게라, 귀인만 종교를 알지 천인은 모를게라 하여 대성전에 제관 싸움이나 하고 시골 향교에 재임이나 팔아먹고 소민들은 향교 추렴이나 물리니 공자님의 도하는 것이 무엇이오?

---

* 용혹무괴(容或無怪) 혹시 그럴 수가 있더라도 괴이할 것이 없음.
* 탁지(度支) 대한 제국 때, 국가 전반의 재정을 맡아보던 관청.

도포나 입고 쌍상투나 틀고 혁대와 중영이나 달고 꿇어앉아 마음이 어떠한 것이라, 성품이 어떠한 것이라 하며 진리는 모르고 줏들은 풍월같이 지껄이면서 이만하면 수신제가도 자족하지, 치국평천하도 자족하지, 세상도 한심하지, 나 같은 도학 군자를 아니 쓰기로 이렇게 하여 백 가지로 개탄하다가 혹 세도 재상에게 소개하여 제주, 찬선으로 초선이나 되면 공자님이 당시의 자기로만 알고 도태*를 뽑아 내며 괴팍한 위인에 야매한 언론으로 천하 대세도 모르고 척양합시다, 척왜합시다, 요명차로(명예를 얻으려고) 눈치 보아 가며 상소나 한두 번 하여 시골 선비의 칭찬이나 듣는 것이 대욕소관이지.

옛적 정자산의 외교 수단을 공자님도 칭찬하셨으니 공자님은 척화를 모르시오. 척화도 형편대로 하는 것이지 붓끝으로만 척화, 척화하면 척화가 되오? 또 고상하다 자칭하는 자는 당초 사직으로 장기를 삼아 나라가 내게 무슨 상관 있나, 백성이 내게 무슨 이해 있나, 독선기신이 제일이지, 자질도 이렇게 가르치고 문인도 이렇게 어거(거느려서 바른 길로 나가게 함)하여 혹 총명재자가 있어 각국 문명을 흠선하여 정치가 어떠하다, 법률이 어떠하다, 교육이 어떠하다, 언론을 하게 되면 자세히 듣지는 아니하고 돌려 세우고 고담준론으로 아무 집 자식도 버렸다, 그 조상도 불쌍하다 하여 문인 자제를 엄하게 신칙하되 아무개와 상종을 말라, 그 말을 듣다가는 너희가 내 눈앞에 보이지 말라 하니, 우리 이천만 인이 다 그 사람의 제자되면 나라 꼴은 잘 되겠지요.

그만도 못한 시골고라리 사회는 더구나 장관이지. 공자님 성씨가 누구신지 휘자가 무엇인지 알지도 못하는 인류들이 향교와 서원은 자기들의 밥자리로 알고 사돈 여보게, 출표하러 가세. 생질 너도 술 먹으러 오너라. 돼지나 잡았는지, 개장국도 꽤 먹겠네. 수복아, 추렴 통문 놓아

---

* 도태(淘汰) 여럿 중에서 불필요하거나 부적당한 것을 줄여 없애는 것. 물에 일어서 불필요한 것을 가려 버리는 것.

라. 고직아, 별하기 닭아라. 아무가 문필은 똑똑하지마는 지체가 나빠 봉향 가음 못 되어, 아무는 무식하지마는 세력을 생각하면 대축*이야 갈 데 있나. 명륜당이 견고하여 술주정 좀 하여도 무너질 바 없지.

교궁은 이렇게 위하여야 종교를 밝히지. 아무 골 향교에는 학교를 설시하였다 하고, 아무 골 향교 전답을 학교에 붙였다 하니, 그 골에는 사람의 새끼 같은 것이 하나 없어 그러한 변이 어디 또 있나. 아무 골 향족이 명륜당에 앉았다니 그 마룻장은 대패질을 하여라, 아무 집 일명(서자와 그 자손)이 색장을 붙였다니 그 재판*을 수세미질이나 하여라 하여, 종교라는 종자는 무슨 종자며, 교자는 무슨 교자인지 착착 접어 먼지 속에 파묻고 싸우나니 양반이요, 다투나니 재물이라. 이것이 우리 신성하신 대종교라 하오. 한심하고 통곡할 만도 하오. 종교가 이렇듯 부패하니 국세가 어찌 강성하겠소.

향교와 서원 성질을 말하리다.

서원은 소학교 자격이요, 향교는 중학교 자격이요, 태학은 대학교 자격이라.

서원은 선현화상을 봉안하여 소학 동자로 하여금 자국 인물을 기념케 함이요, 향교에는 대성인 위패를 봉안하여 중학 학생으로 하여금 종교를 경앙케 함이요, 태학에는 예악 문물을 더 융성히 하여 태학 학생으로 하여금 종교 사상이 더욱 견고케 함이니, 어찌 다만 제사만 소중이라 하여 사당집과 일반으로 돌려보내오. 교육을 주장하는 고로 향교와 서원을 당초에 설시하였고, 종교를 귀중히 하는 고로 대성인과 명현을 뫼셨고, 성현을 뫼신 고로 제례를 행하나니 교육과 종교는 주체가 되고 제사는 객체가 되거늘, 근래는 주체는 없어지고 객체만 숭상하니 어찌 열성조의 설시하신 본의라 하리오.

---

* 대축(大祝) 종묘나 문묘 제향 때 축문을 읽는 사람.
* 재판 사랑방 안에 깔아 놓은 두꺼운 종이.

제사만 위한다 할진대 태묘도 한 곳뿐이어늘 아무리 성인을 존봉할지라도 어찌 삼백육십여 군의 골골마다 향화를 받드리까.

저 무식한 자들이 교육과 종교는 버리고 제사만 위중한다 한들 성현의 마음이 어찌 편안하시리까.

종교에야 어찌 귀천과 남녀가 다르겠소. 지금이라도 종교를 위하려면 성현경전을 알아보기 쉽도록 국문으로 번역하여 거리거리 연설하고, 성묘와 서원에 무애희 농용*하며, 가령 제사로 말할지라도 귀인은 귀인 예복으로 참사하고, 천인은 천인 의관으로 참사하고, 여자는 여자 의복으로 참사하여 너도 공자님 제자, 나도 공자님 제자 되기 일반이라 하면 종교 범위도 넓고, 사회 단체도 굳으리다.

또 사회의 폐습을 말할진댄 확실한 단체는 못 보겠습니다. 상업 사회는 에누리 사회요, 공장 사회는 날림 사회요, 농업 사회는 야매 사회라, 하나도 진실하고 기묘하여 외국 문명을 당할 것은 없으니 무슨 단체가 되겠소. 근래 신교육 사회는 구교육 사회보다는 낫다 하나 불심상원*이오. 관공립은 화욕 학교라 실상은 없고 문구뿐이요, 각처 사립은 단명 학교라 기본이 없어 번차례로 폐지할 뿐 아니라, 무론 아무 학교든지 그 중에 열심한다는 교장이니 찬성장이니 하는 임원더러 묻되, 이 학교에 제갈량과 이순신과 비사맥과 격란사돈(글래드스톤. 19세기 영국의 정치가) 같은 인재를 교육하여 일후의 국가 대사를 경륜하려오 하면 열에 한둘도 없고, 또 묻되 이 학교에 인재 성취는 이 다음 일이요, 교육 사회에 명예나 취하려오 하면 열에 칠팔이 더 되니 그 성의가 그러하고야 어찌 장구히 유지하겠소. 교원 강사도 한만한 출입을 아니하고 시간을 지키어 왕래한다니 그 열심은 거룩하오. 공익을 위함인지, 명예를 위함인지, 월급을 위함인지, 명예도 아니요, 월급도 아니요, 실로 공익만을

위한다 하는 자 몇이나 되겠소.

무론 공 · 사 · 관립하고 여러 학생들에게 묻되, 학문을 힘써 일후에 사환(벼슬)을 하든지 일신 쾌락을 희망하느냐, 국가에 몸을 바치는 정신 얻기를 주의하느냐 하게 되면 대 · 중 · 소학교 몇만 명 학도 중에 국가 정신이라고 대답하는 자 몇몇이나 되겠소.

또 여자 교육회니 여학교니 하는 것도 권리 없고 자본 없는 부인에게 만 맡겨 두니 어찌 흥왕하리오. 무론 아무 사회하고 이익만 위하고 좀 낫다는 자는 명예만 위하고, 진실한 성심으로 나라를 위하여 이것을 한다든지, 백성을 위하여 이것을 한다는 자 역시 몇이나 되겠소.

이렇게 교육, 교육 할지라도 십 년 이십 년에 영향을 알리니 그 중에도 몇 사람이야 열심 있고 성의 있어 시사를 통곡할 자가 있겠지요마는 단체 효력을 오히려 못 보거든 하물며 우리 여자에 무슨 단체가 조직되겠소. 아직 가정 여러 자녀를 잘 가르치고 정분 있는 여자들에게 서로 권고하여 십 인이 모이고 이십 인이 모여 차차 단정히 설립하여야 사회든지 교육이든지 하여 보지, 졸지에 몇백 명 몇천 명을 모아도 실효가 없어 일상 남자 사회만 못하리다."

(설헌) "그러하오마는 세상 일이 어찌 아무것도 아니하고 앉아서 기다리기만 하리까. 여보, 우리 여자 몇몇이 지껄이는 것이 풀벌레 같을지라도 몇 사람이 주창하고 몇 사람이 권고하면 아니 될 일이 어디 있소. 석 달 장마에 한 점 볕은 개일 장본이요, 몇 달 가물에 한 조각 구름은 비 올 장본이니, 우리 몇 사람의 말로 천만 인 사회가 되지 아니할지 뉘 알겠소.

청국 명사 양계초 씨 말씀에 하였으되, 대저 사람이 일을 하려면 이기려다가 패함도 있거니와, 패할까 염려하여 당초에 하지 아니하면 이는 당초에 패한 사람이라 하니 오늘 시작하여 내일 성공할 일이 우리 팔자에 왜 있겠소. 그러나 우리가 우쭐거려야 우리 자식 손자들이나 행복을 누리지, 일향 우리 나라 사람을 부패하다, 무식하다 조롱만 하면 똑똑하고 요요한 남의 나라 사람이 우리에게 소용 있소.

우리 나라 삼백 년 이전이야 어떠한 정치며 어떠한 문물이오. 일본이 지금 아무리 문명하다 하여도 범백 제도를 우리 나라에서 많이 배워 갔소. 그 나라 국문도 우리 나라 왕인 씨가 지은 것이니, 근일 우리 나라가 부패치 아니한 것은 아니나 단군, 기자 이후로 수천 년 이래로 어떠한 민족이오.

철학가 말에, 편안한 것이 위태한 근본이라 하니, 우리 나라 사람이 기백 년 평안하였은즉 한 번 위태한 일이 어찌 없겠소. 또 말하였으되, 무식은 유식의 근원이라 하였으니, 우리 나라 사람이 오래 무식하였으니 한 번 유식하지 아니할 이유가 있겠소.

가령 남의 집에 가서 보고, 그 집 사람들은 음식도 잘하더라, 의복도 잘하더라, 내 집에서는 의복·음식 솜씨가 저러하지 못하니 무엇에 쓸꼬 하고 가속을 박대하면 남의 좋은 의복·음식이 내게 무슨 상관 있소. 차라리 저 음식은 어떠하니 좋지 아니하다, 이 의복은 어떠하여 좋지 아니하다 하여 제도를 자세히 가르쳐서 남의 것과 같이 하는 것만 못하니, 부질없이 내 집안 사람만 불만히 여기면 가도가 바로잡힐 리가 있으리까?

〈소학〉에 가로되, 좋은 사람이 없다 함은 덕 있는 말이 아니라 하였으니, 내 나라 사람을 무식하다고 능멸하여 권고 한 마디 없으면 유식하신 매경 씨만 홀로 살으시려오. 여보 여보, 열심을 잃지 말고 어서어서 잡지도 발간, 교과서도 지어서 우리 일천만 여자 동포에게 돌립시다.

우리 여자의 마음이 이러하면 남자도 응당 귀가 있겠지. 십 년 이십 년을 멀다 마오. 살림 어른이 연설꾼 아니 될지 뉘 알며, 향교 재임이 체조 교사 아니 될지 뉘 알겠소. 속담에 이른 말에 뜬쇠가 달면 더 뜨겁

다 하였소. 지금은 범백 권리가 다 남자에게 있다 하나 영원한 권리는 우리 여자가 차지하옵시다.

매경 씨 말씀에, 자녀를 교육하자 함이 진리를 알으시는 일이오. 우리 여자만 합심하고 자녀를 잘 교육하면 제2세의 문명은 우리 사업이라 할 수 있소.

자식 기르는 방법을 대강 말하오리다. 자식을 낳은 후에 가르칠 뿐 아니라 태 속에서부터 가르친다 하였으니, 그런고로 〈예기〉에 태육법을 자세히 말하였으되, 부인이 잉태하매 돗자리가 바르지 아니하거든 앉지 아니하며, 벤 것이 바르지 아니하거든 먹지 말라 하였으니, 그 앉은 돗, 먹는 음식이 탯덩이에 무슨 상관이 있겠소마는 바른 도리로만 행하여 마음에 잊지 말라 함이오. 의원의 말에도 자식 밴 부인은 잡것을 먹지 말라 하고, 음식의 차고 더운 것을 평균케 하고 배를 항상 더웁게 하고, 당삭(산월을 당함)하거든 약간 노동하여야 순산한다 하였소.

뱃속에서도 이렇게 조심하거든 나온 후에 어찌 범연히 양육하오리까.

제가 비록 지각이 없을 때라도 어찌 그 앞에서 터럭만치 그른 일을 행하겠소. 밥 먹는 법, 잠자는 법, 말하는 법, 걸음 걷는 법, 일동일정을 가르치되, 속이지 아니함을 주장하여 정대한 성품을 양육한즉 대인군자가 어찌하여 되지 못하리까.

맹자님 모친께서 맹자님 기를 때에 마침 동편 이웃집에서 돼지를 잡거늘 맹자께서 물으시되, 저 돝(돼지)은 어찌하여 잡나니까? 맹모 희롱으로, 너를 먹이려고 잡는다 하셨는데 즉시 후회하시되, '어린아해를 속이는 법을 가르쳤다.' 하고 그 고기를 사다가 먹이신 일이 있고, 맹자 점점 자라실 새 장난이 심하사 산 밑에서 살 때에 상두꾼(상여꾼) 흉내를 내시거늘, 맹모 가라사대, 이 곳이 아해를 기를 곳이 못 된다 하시고, 저자(시장) 근처로 이사하였더니, 맹자께서 또 물건 매매하는 형용

을 지으시니, 맹모 또 집을 떠나 학궁 곁에 거하시매 그제야 맹자 예절 있는 희롱을 하시는지라. 맹모 말씀이, 이는 참 자식 기를 곳이라 하시고 가르쳐 만세 아성이 되셨소. 한 아들을 가르쳐 억조 창생에게 무궁한 도학이 맞게 하시니 교육이란 것이 어떠하오. 만일 맹자님이 상두나 메시고 물건이나 팔러 다니셨다면 오늘날 맹자님을 누가 알겠소.

〈비유요지〉라 하는 책에 말하였으되, 서양에 한 부인이 그 아들을 잘 교육할 새 그 아들이 장성하여 장사치로 나가거늘 그 부인이 부탁하되 너는 어디 가든지 남 속이지 아니하기로 공부하라. 그 아들이 대답하고 지화 몇백 원을 옷깃 속에 넣고 행하다가 중로에 도적을 만나니 그 도적이 묻되, 너는 무슨 사업을 하며 무슨 물건을 몸에 지녔느냐 하되, 그 아해 대답하되, 나는 장사하는 사람이니 지화 몇백 원이 옷깃 속에 있노라 하니, 도적이 그 정직함을 괴이히 여겨 뒤져 본즉 과연 있는지라. 당초에 깊이 감추고 당장에 은휘*치 아니하는 이유를 물은즉 그 사람이 대답하되, 내 모친이 남을 속이지 말라 경계하셨으니 어찌 재물을 위하여 친교를 어기리오. 도적이 각각 탄복하여 말하되, 너는 효성 있는 사람이라. 우리 같은 자를 어찌 인류라 하리오. 그 지화를 다시 옷깃에 넣어 주고 그 후로는 다시 도적질도 아니 하였다 하였소.

그 부인이 자기 아들을 잘 교육하여 남의 자식까지 도적의 행위를 끊게 하니 교육이라는 것이 어떠하오. 송나라 구양수 씨도 과부의 아들로 자라매, 집이 심히 간난*하여 서책과 필묵이 없거늘, 그 모친이 갈대로 땅을 그어 글을 가르쳐 만고 문장이 되었고 우리 나라 퇴계 이 선생도 어릴 때 그 모친이 말씀하되, 내 일찍 과부되어 너희 형제만 있으니 공부를 잘하라, 세상 사람이 과부의 자식은 사귀지 아니한다니 너희는 그 근심을 면하게 하라 하고, 평상시에 무슨 물건을 보면 이치를 가르치며

＊ 은휘(隱諱) 꺼리어 숨기는 것.
＊ 간난(艱難) '가난' 의 본딧말.

아무 일이고 당하면 사리를 분석하여 순순히 교훈하사 동방 공자가 되셨으니 교육이라는 것이 어떠하오.

예로부터 교육은 어머니께 받는 일이 많으니 우리도 자식을 그런 성력과 그런 방법으로 교육하였으면 그 영향이 어떠하겠소. 우리 여자 사회에 큰 사업이 이에서 더한 일이 있겠소. 여러분 여자들, 지금 남자와 지금 여자를 조롱 말고 이 다음 남자와 이 다음 여자나 교육 좀 잘하여 봅시다."

(국란) "그 말씀 대단히 좋소. 자식 기르는 법과 가르치는 공효*를 많이 말씀하셨으나 자식 사랑하는 이유가 미진한 고로 여러분 들으시기 위하여 그 진리를 말씀하오리다.

세상 사람들이 자식을 사랑한다 하나 실상은 자기 일신을 사랑함이니, 자식이 나매 좋아하고 기꺼하는 마음을 궁구하면, 필경은 저 자식이 있으니 내 몸이 의탁할 곳이 있으며, 내 자식이 자라니 내 몸 봉양할 자가 있도다 하고, 혹 자식이 병이 들면 근심하고, 혹 자식이 불행하면 설워하니, 근심하고 설워하는 마음을 궁구하면 필경은 내 자식이 병들었으니 누가 나를 봉양하며, 내 자식이 없었으니 내가 누구를 의탁하리오 하나, 그 마음이 하나도 자식을 위한다는 자도 없고 국가를 위한다는 자도 없으니 사람마다 자식 자식하여도 진리를 실상 모릅디다. 자식의 효도를 받는 것이 어찌 내 몸만 잘 봉양하면 효도라 하리오. 증자 말씀에 인군을 잘못 섬겨도 효가 아니요, 전장에 용맹이 없어도 효가 아니라 하셨으니, 이 말씀을 생각하면 자식이라는 것이 내 몸만 위하여 난 것이 아니요, 실로 나라를 위하여 생긴 것이니 자식을 공물이라 하여도 합당하오.

혹 모르는 사람은 이 말을 들으면 필경 대경소괴*하여 말하되, 실로

* 공효(功效) 공을 들인 보람이나 효과.
* 대경소괴(大驚小怪) 몹시 놀라워 좀 의아하게 여김.

그러할진대 누가 자식 있다고 좋아하며 자식 없다고 설워하리오. 청국 강남해 말에, 대동 세계에는 자식 못 낳는 여자는 벌이 있다 하더니, 과연 벌하기 전에야 생산하려는 자가 있겠소. 혹 생산하더라도 내 몸은 봉양하여 주지 아니하고 국가만 위하여 교육을 받으라 하겠소. 이러한 말이 널리 들리면 윤리상에 대단 불행하겠다 하여 중언부언할 터이지마는, 지금 내 말이 윤리상의 불행함이 아니라 매우 다행하오이다.

자식을 공물로 인정하더라도 그렇지 아니한 소이연이 있으니, 가령 우마를 공물이라 하면 농업가와 상업가에서 우마를 부리지 아니하리까?

저 집에 우마가 있으면 내 집에 없어도 관계가 없다 하여 사람마다 마음이 그러하면 우마가 이미 절종되었을 터이나, 비록 공물이라도 우마가 있어야 농업과 상업에 낭패가 없은즉, 자식은 공물이라고, 있는 것을 귀히 여기지 아니하리오. 기왕 자식이 있는 이상에는 공물이라고 교육 아니 하다가는 참말 윤리에 불행한 일이오. 가령 어부가 동무를 연합하여 고기를 잡되 남의 그물에 걸린 것이 내 그물에 걸린 것만 못하다 하니, 국가 대사업을 바라는 마음은 같으나 어찌 남의 자식 성취한 것이 내 자식 성취한 것만 하오리까. 그러한즉 불가불 자식을 교육할 것이요, 자식이 나서 나라의 사업을 성취하고 국민에 이익을 끼치면 그 부모는 어찌 영광이 없으리까.

옛날 사파달이라 하는 땅에 한 노파가 여덟 아들을 낳아서 교육을 잘하여 여덟이 다 전장에 갔다가 죽은지라, 그 살아 돌아오는 사람더러 묻되, 이번 전장에 승부가 어떠한고? 그 사람이 대답하되, 전쟁은 이기었으나, 노인의 여러 아들은 다 불행하였나이다 하거늘, 노구 즉시 일어나 춤을 추며 노래를 불러 가로되, 사파달아, 사파달아, 내 너를 위하여 아들 여덟을 낳도다 하고 슬퍼하는 빛이 없으니, 그 노구가 참 자식을 공물로 인정하는 사람이니, 그는 생산도 잘하고 교육도 잘하고 영광도 대단하오이다.

우리 나라 사람들이 자식의 진리를 몇이나 알겠소. 제일 가관의 일이, 정처에 자식이 없으면 첩의 소생은 비록 여룡여호하여 문장은 이태백이요, 풍채는 두목지요, 사업은 비사맥이라도 서자라, 얼자라 하여 버려 두고, 정도 없고 눈에도 서투른 남의 자식을 솔양*하여 아들이라 하는 것이 무슨 일이오.

성인의 법제가 어찌 그같이 효박*할 이유가 있으리까. 적서라는 말씀은 있으나 근래 적서와는 대단히 다르오. 정처의 소생이라도 장자 다음에는 다 서자라 하거늘, 우리 나라는 남의 정처 소생을 서자라 하면 대단히 뛰겠소. 양자법으로 말할지라도 적서에 자녀가 하나도 없어야 양자를 하거늘 서자라 버리고 남의 자식을 솔양하니 하나도 성인의 법제는 아니오. 자식을 부모가 이같이 대우하니 어찌 세상에서 대우를 받겠소.

그 서자이니 얼자이니 하는 총중에 영웅이 몇몇이며, 문장이 몇몇이며, 도덕 군자가 몇몇인지 누가 알겠소. 그 삶도 원통하거니와 나랏일이야 더구나 말할 것이 있소. 남의 나라 사람도 고문이니, 보좌니 쓰는 법도 있거든, 우리 나라 사람에 무엇을 그리 많이 고르는지, 이성호는 적서 등분을 혁파하자, 서북 사람을 등용하자 하여 열심으로 의논하였고, 조은당의 부인 김씨는 자제를 경계하되, 너희가 서모를 경대하지 아니하니 어찌 인사리오.

아비의 계집은 다 어미라 하셨나니 이 두 말씀이 몇백 년 전에 주창하였으니 그 아니 고명하오.

또 남의 후취로 들어가서 전취 소생에게 험히 구는 자 있으니 그것은 무슨 지각이오. 아무리 나의 소생은 아니나 남편의 자식은 분명하니 양

---

* 솔양(率養) 양자로 데려오는 것.
* 효박(淆薄) 쌀쌀하고 각박하다.

자보다는 매우 긴절하오. 사람에 전조모와 후조모라 하여 자손의 마음에 후박이 있으리까. 그렇건마는 몰지각한 후취 부인들은 내 속으로 낳지 아니하였으니 내 자식이 아니라 하여 동네 아해만도 못하고 종의 자식만도 못하게 대우하니 어찌 그리 박정하고 무식하오. 아무리 원수 같은 자식이라도 내 몸이 늙어지면 소생 자식 열보다 나으며, 그 손자로 말할지라도 큰자식의 손자가 소생 손자 열보다 낫지 아니하오.

원수같이 알고 도척(도적)같이 알던 그 자식, 그 손자가 일후에 만반 진수를 차려 놓고, '유세차 효자모 효손모는 감소고우 현비 현조비 모 봉 모씨'라 하면 아마 혼령이라도 무안하겠지. 또 자식을 기왕 공물로 인정할진대 내 소생만 공물이요, 전취 소생은 공물이 아니겠소. 아무리 전취 자식이라도 잘 교육하여 국가의 대사업을 성취하면 그 영광이 아마 못생긴 소생 자식보다 얼마쯤이 유조*하리니, 이 말씀을 우리 여자 사회에 공포하여 그 소위 서자이니, 전취 자식이니 하는 악습을 다 개량하여 윤리상 영원한 행복을 누리게 합시다."

(매경) "자식의 진리를 자세히 말씀하셨으나 그 범위는 대단히 넓다고는 못 하겠소. 기왕 자식을 공물이라 말씀하셨으면 공물이 많아야 좋겠소, 공물이 적어야 좋겠소? 공물이 많아야 좋다 할진대 어찌 서자이니 전취 소생이니 그것만 공물이라 하여도 역시 사정이올시다. 비록 종의 자식이나 거지의 자식이라도 우리 나라 공물은 일반이어늘, 소위 양반이니 중인이니 상한(상인)이니 서울이니 시골이니 하여 서로 보기를 타국 사람같이 하니 단체가 성립할 날이 어찌 있겠소. 또 서북으로 말할지라도 몇백 년을 나라 땅에 생장하기는 일반이어늘, 그 사람 중에 재상이 있겠소, 도학 군자가 있겠소. 천향*이라 하여도 가하니 그 사람 중에 진개(참으로) 재상 재목과 도학 군자 자격이 없는 것이 아니라, 재

---

* 유조(有助) 도움이 있음.
* 천향(賤鄕) 풍속이 지저분한 시골.

상의 교육과 군자의 학문이 없음인지 몇 백 년 좋은 공물을 다 버리고 쓰지 아니하였으니 어찌 나라가 왕성하오리까.

이성호 말씀에, 반상을 타파하자, 서북을 통용하자 하여 수천 마디 말을 반복 의논하였으나 인하여 무효하였으니 어찌 한심치 아니하겠소. 평안도의 심의 도사 오세양 씨는 그 학문이 우리 동방에 드문 군자라. 그 학설과 이설을 대단히 발표하였건마는 서원도 없고 문집도 없이 초목과 같이 썩어진 일이 그 아니 원통한가.

그 정책은 다름아니라 서북은 인재가 배출하니 기호와 같이 교육하면 사환 권리를 다 빼앗긴다 하니 그러한 좁은 말이 어디 있겠소. 사환이라는 것은 백성을 대표한 자인즉 백성의 지식이 고등한 자이라야 참례하나니 아무쪼록 내 지식을 넓혀서 할 것이지, 남의 지식을 막고 나만 못하도록 하면 어찌 천도가 무심하오리까. 철학 박사의 말에 차라리 제 나라 민족의 노예가 세세로 될지언정 타국 정부의 보호는 아니 받는다 하였으되, 그 말을 생각하면 이왕 일이 대단히 잘못되었소.

또 반상으로 말할지라도 그렇게 심한 일이 어디 있겠소. 어찌하다가 한번 상놈이라 패호하면 비록 영웅·열사가 있을지라도 자자손손이 상놈이라 하대하니 그 같은 악한 풍속이 어디 있으리까. 그러나 한번 사람된 자는 도저히 인재 나기가 어려우니, 가령 서울 사람이라 해도 그 실상은 태반이나 시골 생장인즉 시골 풍속으로 잠깐 말하리다.

그 부모된 자들이 자식의 나이 칠팔 세만 되면 나무를 하여라, 꼴을 베어라 하여, 초등 교과가 꼬부랑 호미와 낫이요, 중등 교과가 가래와 쇠스랑이요, 대학 교과가 밭갈기·논갈기요, 외교 수단이 소장사·등짐꾼이니, 그 총중에 비록 금옥 같은 바탕이 있을지라도 어찌 저절로 영웅이 되겠소. 결단코 그 중에 주정꾼과 노름꾼의 무수한 협잡배들이 당초에 교육을 받았으면 영웅도 되고 호걸도 되었으리라 하오.

혹 그 부모가 소견이 바늘 구멍만치 뚫려 자식을 동네 생원님 학구방에 보내면 그 선생이 처지를 따라 가르치되 너는 큰 글하여 무엇 하느냐, 계통문이나 보고 취대하기나 하면 족하지. 너는 시·부·표·책하여 무엇 하느냐, 〈전등신화〉나 읽어서 아전질이나 하여라 하니, 그런 참혹한 일이 어디 있겠소. 입학하던 날부터 장래 목적이 이뿐이요, 선생의 교수가 이러하니 제갈량, 비사맥 같은 바탕이 몇백만 명이라도 속절없이 전진할 여망이 없겠으니, 이는 소위 양반의 죄뿐 아니라 자기가 공부를 우습게 보아서 그 지경에 빠진 것이요, 옛날 유명한 송귀봉과 서고정은 남의 집 종의 아들로 일대 도학가가 되었고, 정금남은 광주 관비의 아들로 크게 사업을 이루었은즉, 남의 집 종과 외읍 관비보다 더 천한 상놈이 어디 있겠소마는 이 어른들을 누가 감히 존중치 아니하겠소.

그러나 무식한 자들이야 어찌 그러한 사적을 알겠소. 도무지 선지라 선각이라 하는 양반이 교육 아니 한 죄가 대단하오. 물론 아무 나라하고 상·중·하등 사회가 없는 것은 아니나, 그러나 국가 질서를 유지하려면 불가불 등급이 있어야 문란한 일이 없거늘, 우리 나라 경장대신들이 양반의 폐만 생각하고 양반의 공효는 생각지 못하여 졸지에 반상 등급을 벽파하라 하니 누가 상쾌치 아니하겠소마는, 국가 질서의 문란은 양반보다 더 심한 자 많으니 어찌 정치가의 수단이라고 인정하겠소.

지금 형편으로 보면 양반들은 명분 없는 세상에 무슨 일을 조심하리오.

그 행세가 전일 양반만도 못하고 상인들은 요사이 양반이 어디 있어, 비록 문장이 된들 무엇 하며 도학이 있은들 무엇 하나 하여, 혹 목불식정하고 준준무식한 금수 같은 류들이 제 집에서 제 형을 욕하며, 제 부모에게 불효한대도 동네 양반들이 말하면 팔뚝을 뽐내며 하는 말이, 시방 무슨 양반이 따로 있나, 내 자유권을 왜 상관이 있나, 내 자유권을 무슨 걱정이야. 그러다가는 뺨을 칠라, 복장을 지를라 하면서 무수 질

욕하나 누가 감히 옳다 그르다 말하겠소. 속담에 상두꾼에도 수번이 있고, 초라니 탈에도 차례가 있다 하니, 하물며 전국 사회가 이렇게 문란하여 무슨 질서가 있겠소.

갑오년 경장대신의 정책이 웬 까닭이오. 양반은 양반대로 두고, 학교하는 임원도 양반이며, 학도의 부형도 양반이며, 학도도 양반이라고 울긋불긋한 고추장 빛으로 학부인이라, 내부인이라 반포하면 전국이 다 양반이 될 일이 어찌하여 양반 없이 한다 하니, 사천 년 전래하던 습관이 졸지에 잘 변하겠소. 지금 형편은 어떠하냐 하면 어기어차 슬슬 다리어라(당기어라), 네가 못 다리면 내가 다리겠다. 어기어차 슬슬 다리어라 하는 이 지경에 한번 큰 승부가 달렸은즉, 노인도 다리고 소년도 다리고 새아가씨도 다리어도 이길는지 말는지 할 일이오.

나도 양반으로 말하면 친정이나 시집이나 삼한갑족이로되, 그것이 다 쓸 데 있소. 우리도 자식을 공물이라 하면 그 소위 서북이니 반상이니 썩고 썩은 말을 다 그만두고 내 나라 청년이면 아무쪼록 교육하여 우리 어렵고 설운 일을 그 어깨에 맡깁시다."

(금운) "작일은 융희 이년 제일 상원이니, 달도 그전과 같이 밝고, 오곡밥도 그전과 같이 달고, 각색 채소도 그전과 같이 맛나건마는 우리 심사는 왜 이리 불평하오.

어젯밤이 참 유명한 밤이오.

우리 나라 풍속에 상원일 밤에 꿈을 잘 꾸면 그 해 일 년에, 벼슬하는 이는 벼슬을 잘하고 농사하는 이는 농사를 잘하고 장사하는 이는 장사를 잘한다 하니, 꿈이라는 것을 제 욕심대로 꾸어서 혹 일 년, 혹 십 년, 혹 수십 년이라도 필경은 아니 맞는 이유가 없소. 우리 한 노래로 긴 밤 새우지 말고, 대한 융희 이 년 상원일에 크나 작으나 꿈꾼 것을 하나 유루없이 이야기합시다."

(설헌) "그 말씀이 매우 좋소. 나는 어젯밤에 대한 제국 자주 독립할

꿈을 꾸었소. 활멸사라 하는 사회가 있는데 그 사회 중에 두 당파가 있으니, 하나는 '자활당'이라 하여 그 주의인즉, 교육을 확장하고 상공을 연구하여 신공기를 흡수하며 부패 사상을 타파하여 대포도 무섭지 아니하고 장창도 두렵지 아니하여 국가에 몸을 바치는 사업을 이루고자 할 새, 그 말에 외국 의뢰도 쓸데없고, 한두 개 영웅이 혹 국권을 만회하여도 쓸데없고, 오직 전국 남녀 청년이 보통 지식이 있어서 자주권을 회복하여야 확실히 완전하다 하여 학교도 설시하며 신서적도 발간하여 남이 미쳤다 하든지 못생겼다 하든지 자주권 회복하기에 골몰무가*하나, 그 당파의 수효는 전 사회의 십분지 삼이오.

하나는 '자멸당'이라 하니 그 주의인즉, 우리 나라가 이왕 이 지경에 빠졌으니 제갈공명이 있으면 어찌하며, 격란사돈이 있으면 무엇 하나, 십승지지 어디 있노, 피난이나 갈까 보다, 필경 세상이 바로잡히면 그때에야 한림직각을 다 내놓고 누가 하나. 학교는 무엇이야, 우리 마음에는 십대 생원님으로 죽는대도 자식을 학교에야 보내고 싶지 않다. 소위 신학문이라는 것은 모두 천주학인데 우리네 자식이야 혈마* 그것이야 배우겠나.

또 물리학이니 화학이니 정치학이니 법률학이니, 다 무엇에 쓰는 것인가. 그것을 모를 때에는 세상이 태평하였네. 요사이 같은 세상일수록 어디 좋은 명당 자리나 얻어서 부모의 백골을 잘 면례하였으면 자손에 발음이나 내릴는지, 우선 기도나 잘 하여야 망하기 전에 집안이나 평안하지, 전곡이 썩어지더라도 학교에 보조는 아니할 터이야. 바로 도적놈을 주면 매나 아니 맞지, 아무개는 제 집이 어렵다 하면서 학교에 명예교사를 다닌다지. 남의 자식 가르치기에 어찌 그리 미쳤을까. 글을 읽어라, 수를 놓아라 하는 소리 참 가소롭데. 유식하면 검정 콩알(총알)이

＊골몰무가(汨沒無暇) 한 가지 일에 파묻혀 도무지 틈이 없음
＊혈마 '설마'의 옛말

아니 들어가나, 운수를 어찌하여, 아무것도 없지. 요대로 앉았다가 죽으면 죽고 살면 사는 것이 제일이라 하니, 그 당파의 수효는 십분지 칠이요, 그 회장은 국참정이라는 사람이니, 아무 학회 회장과 흡사하여 얼굴이 풍후하고 수염이 많고 성품이 순실하여 이 당파도 좋아, 저 당파도 좋아 하여 반박이 없이 가부취결만 물어서 흥하자 하면 흥하고, 망하자 하면 망하여 회원의 다수만 점검하는데, 그 소수한 자활당이 자멸당을 이기지 못하여 혹 권고도 하며, 혹 질욕도 하며, 혹 통곡도 하면서 분주 왕래하되, 몇 번 통상 회의니 특별 회의니 번번이 동의하다가 부결을 당한지라, 또 국회장에서 무수 애걸하여 마지막 가부회를 독립관에 개설하고 수만 명이 몰려가더니 소위 자멸당도 목석과 금수는 아니라, 자활당의 정대한 언론과 비창한 형요를 보고 서로 기뻐하며 자활주의로 전수 가결되매, 그 여러 회원들이 독립가를 부르고 춤을 추며 돌아오는 거동을 보았소.”

매경 깔깔 웃으며,

“나는 어젯밤에 대한 제국의 개명할 꿈을 꾸었소. 전국 사람들이 모두 병이 들었다는데, 혹 반신불수도 있고 혹 수중다리도 있고 혹 내종병도 들고 혹 정충증도 있고 혹 체증 횟배와 귀먹고 눈멀고 벙어리까지 되어 여러 가지 병으로 집집이 앓는 소리요, 곳곳이 넘어지는 빛이라, 남녀노소를 물론하고 성한 사람은 하나도 없더니 마침 명의가 하는 말이, 이 병들을 급히 고치지 아니하면 우리 삼천리 강산이 빈 터만 남으리니 그 아니 통곡할 일이오.

내 화제(약방문) 한 장을 낼 것이니 제발 믿으시오 하더니 방문을 써서 돌리니, 그 방문 이름은 청심환 골산이니 성경으로 위군하고, 정치·법률·경제·산술·물리·화학·농학·공학·상학·지지·역사, 각 등분하여 극히 정묘하게 국문으로 법제하여 병세 쾌차하도록 무시복하되, 병자의 증세를 보아 임시 가감도 하며 대기하기는 주색·잡기 · 경박 · 퇴보 · 태타 등이라.

이 방문을 사람마다 베껴다가 시험할 새 그 약을 방문대로 잘 먹고 나면 병 낫기는 더 할 말이 없고 또 마음이 청상해지며 환골탈태*가 되는데 매미와 뱀과 같이 묵은 허물을 일제히 벗어 버립디다.

오륙 세 전 아해들은 당초에 벗을 것이 없으나 팔 세 이상 아해들은 가뭇가뭇한 종잇장 두께만하고, 십오 세 이상 사람들은 검고 푸르러서 장판 두께만하고, 삼십 · 사십씩 된 사람들은 각색 빛이 얼룩얼룩하여 멍석 두께만하고, 오십 · 육십 된 사람들은 얼룩얼룩, 두틀두틀하며 또 각색 악취가 촉비*하여 보료 두께만 하여, 노소 남녀가 각각 벗을 때 참 대단히 장관입디다. 아해들과 젊은이와, 당초에 무식한 사람들은 벗기가 오히려 쉽고, 조금 유식하다는 사람들과 늙은이들은 벗기가 극히 어려워서, 혹 남이 붙잡아도 주고 혹 가르쳐도 주되, 반쯤 벗다가 기진한 사람도 있고 인하여 아니 벗으려고 앙탈하다가 그대로 죽는 사람도 왕왕 있습디다.

필경은 그 허물을 다 벗어 옥골선풍이 된 후에 그 허물을 주체할 데가 없어 공론이 불일한데, 혹은 이것을 집에 두면 그 냄새에 병이 복발하기 쉽다 하며, 혹은 그 냄새는 고사하고 그것을 집에 두면 철모르는 아해들이 장난으로 다시 입어 보면 이것이 큰 탈이라 하며, 혹은 이것을 모두 한 곳에 몰아 쌓고 그 근처에 사람 다니는 것을 금하면 다시 물들 염려도 없을 터이나 그것을 한 곳에 모아 쌓은즉 백두산보다도 클 것이니 이러한 조그마한 나라에 백두산이 둘이면 집은 어디 짓고 농사는 어디서 하나, 그것도 못 될 말이지 하며 혹은 매미 허물은 선퇴라는 것이니, 혹 간기증에도 쓰고, 뱀의 허물은 사퇴라는 것이니, 혹 인후증에도 쓰거니와 이 허물은 말하려면 인퇴라 하겠으나 백 가지에 한 군데

---

* 환골탈태(換骨奪胎) 용모가 환하게 트이고 아름다워져 전혀 딴사람처럼 되는 것.
* 촉비(觸鼻) 냄새가 코를 찌르는 것.

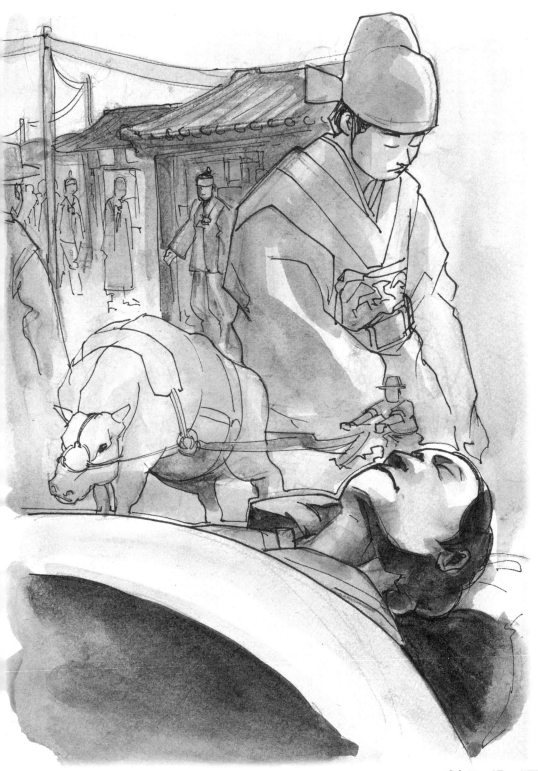

쓸데가 없으며 그 성질이 육기가 많고 와사(가스) 냄새가 많아서 동해 바다의 멸치 썩은 것과 방불한즉, 우리 나라의 척박한 천지에 거름으로 썼으면 각각 주체하기도 경편하고 또 농사에도 심히 유익하겠다 하니, 그제야 여러 사람들이 그 말을 시행하여, 혹 지게에도 져 내고 혹 구루 마에 실어 내어 낙역부절*하는 것을 보았소."

(금운) "나는 어젯밤에 대한 제국의 독립할 꿈을 꾸었소. 오뚝이라는 것은 조그마하게 아해를 만들어 집어던지면 드러눕지 아니하고 오뚝오 뚝 일어서는 고로 이름을 오뚝이라 지었으니, 한문으로 쓰려면 나 오 자, 홀로 독자, 설 립자 세 글자를 모아 부르면 오독립이니, 내가 독립 하겠다는 의미가 있고 또 오뚝이의 사적을 들으니, 옛날 조그마한 동자 로 정신이 돌올하여* 일찍 일어선 아해라. 그런 고로 후세 사람들이 아 해를 낳아서 혹 더디 일어설까 염려하여 오뚝이 모양을 만들어 희롱감 으로 아해들을 주니 그 정신이 오뚝이와 같이 오뚝오뚝 일어서라는 의 사라. 우리 나라 사람들이 오뚝이 정신이 있는 이는 하나도 없은즉, 아 해들뿐 아니라 장정 어른들도 오뚝이 정신을 길러서 오뚝이와 같이 오 뚝오뚝 일어서기를 배워야 하겠다 하여, 우리 영감 평양 서윤으로 있을 때에 장만한 수백 석지기 좋은 땅을 방매하여 오뚝이 상점을 설시하고 각 신문에 영업 광고를 발포하였더니 과연 오뚝이를 몇 달이 못 되어 다 팔고 큰 이익을 얻어 보았소."

(국란) "나는 어젯밤에 대한 제국이 천만 년 영구히 안녕할 꿈을 꾸었 소. 석가여래라 하는 양반이 전신이 황금과 같이 윤택하고 양미간에 큰 점이 박히고 한 손은 감중련하고 한 손에는 석장을 들고 높고 빛나는 옥탁자 위에 앉았거늘, 내가 합장 배례하고 황공복지하여 내두의 발원 을 묻는데, 어떠한 신수 좋은 부인 한 분이 곁에 섰다가 책망하기를, 적

* 낙역부절(絡繹不絕) 끊이지 않는 것.
* 돌올(突兀)하다 높이 솟아 우뚝하다. 두드러지게 뛰어나다.

선한 집에는 경사가 있고, 불선한 집에는 앙화가 있음은 소소한 이치어늘, 어찌 구구히 부처에게 비나뇨. 그대는 적악한 일 없고 이생에도 부모에 효도하며 형제에 우애하며 투기를 아니 하며 무당과 소경을 멀리하여 음사기도를 아니 하며 전곡을 인색히 아니 하여 어려운 사람을 잘구제하고 학교에나 사회에나 공익상으로 보조를 많이 하였으니 너는가히 선녀라 할지니, 그 행복을 누리려면 너의 일생뿐 아니라 천만 년이라도 자손은 끊이지 아니하고 부귀공명과 충신 효자를 많이 점지하리라 하시니, 이 말씀을 미루어 본즉 내 자손이 천만 년 부귀를 누릴 지경이면 대한 제국도 천만 년을 안녕하심을 짐작할 일이 아니겠소."

여러 부인 중에 한 부인이 일어나서 말하되,

"나는 지식이 없어 연하여 담화는 잘 못 하거니와 사상이야 어찌 다르며 꿈이야 못 꾸었겠소. 나도 어젯밤에 좋은 몽사가 있으나 벌써닭이 울어 밤이 들었으니 이 다음에 이야기하오리다."

구마검

　대안동 네거리에서 남산을 바라보고 한참 내려가면 베전 병문 큰길
이라. 좌우에 저자하는 사람들이 조석으로 물을 뿌리고 비질을 하여 인
절미를 굴려도 검불 하나 아니 묻을 것 같으나, 그 많은 사람, 그 많은
마소가 밟고 오고 밟고 가면 몇 시 아니 되어 길바닥이 도로 지저분하
여져서 바람이 기척만 있어도 행인이 눈을 뜰 수가 없는데, 바람도 여
러 가지라. 삼사월 길고 긴 날 꽃 재촉하는 동풍도 있고, 오뉴월 삼복
중에 비 장만하는 남풍도 있고, 팔월 생량할 때 서리 오려는 동북풍과
시월 동짓달에 눈 몰아오는 북새(북풍)도 있으니, 이 여러 가지 바람은
절기를 따라 으레 불고, 으레 그치는 고로 사람들이 부는 것을 보아도
놀라지 아니하고, 그치는 것을 보아도 희한히 여길 것이 없지마는, 이
날 베전 병문에서 불던 바람은 동풍도 아니요, 남풍도 아니요, 서풍·
북풍이 모두 아니요, 어디로조차 오는 방면이 없이 길바닥 한가운데서
먼지가 솔솔솔 일어나더니, 뱅뱅뱅 돌아가며 점점 언저리가 커져 도래
멍석만하여 정신차려 볼 수가 없어 팽팽팽 돌며 자리를 뚝 떨어지며,

어떠한 사람 하나를 겹겹이 싸고 돌아가니 갓귀영자(벼슬아치의 갓끈을 다는 데에 붙은 물건)가 쑥 빠지며 머리에 썼던 제모립이 정월 대보름날 구머리 장군 연 떠나가듯 삼 마장은 가서 떨어진다.

그 사람이 두 손으로 눈을 썩썩 부비고 입 속에 들어간 먼지를 테테 배알으며,

"에, 바람도 몹시 분다. 정신을 차릴 수가 없지. 내 갓은 어디로 날려 갔을까? 어, 저기 가 있네."

하더니, 한 손으로 탕건을 상투째 아울러 껴붙들고 분주히 쫓아가 갓을 집어들더니, 조끼에서 저사 수건을 내어 툭툭 털어 쓰고 가는데, 그 때 마침 장옷 쓴 계집 하나이 그 광경을 목도하고 그 사람의 얼굴을 넌짓 보더니, 장옷 앞자락으로 제 얼굴을 얼핏 가리고 행랑 뒷골로 들어가더라.

중부 다방골은 장안 한복판에 있어, 자래로 부자 많이 살기로 유명한 곳이라. 집집마다 바깥 대문은 개구멍만하여 남산골 딸깍샌님의 집 같아도 중대문 안을 썩 들어서면 고루거각에 분벽사창이 조요하니, 이는 북촌 세력 있는 토호재상에게 재물을 빼앗길까 엄살 겸 흉부리는 계교러라.

그 중에 함진해라 하는 집은 형세가 남의 밑에 아니 들어, 남노비에 기구 있게 지내는 터인데, 한갓 자손복이 없어 낳기는 펄쩍 해도 기르기는 하나도 못 하다가, 그 부인 최씨가 삼취로 들어와 아들 하나를 낳아 놓고 몸이 큰 체하여 집안에 죽젓개질*을 할 대로 하며, 그 남편까지도 손톱 반머리만치 두려워하지 아니하고, 마음에 있는 일이면 옳고 그르고 눈을 기어 가면서라도, 직성이 해토머리*에 얼음 풀어지듯 하게 하여 보고야 말더라.

---

* 죽젓개질 남이 하는 일을 휘저어 방해하는 짓.
* 해토(解土)머리 얼었던 땅이 녹아 풀리기 시작할 때.

최씨의 친정은 노돌이라. 그 동리 풍속이 재래로 제일 숭상하는 것은, 존대하여 말하자면 만신이요, 마구 말하자면 무당이라 하는, 남의 집 망해 주며, 날불한당질하는 것들을 남자들은 누이님·아주머니, 여인들은 형님·어머니 하여 가며 개화 전 시대에 칙사 대접하듯 하여 봄·가을이면 으레 찰떡 치고 메떡 치고 쇠머리·북어괘를 월수·일수 얻어서라도 기어이 장만하여 철무리 큰 굿을 하여야 세상 일이 다 잘될 줄 아는 동리니, 최씨가 어려서부터 보고 듣고 자란 것이 그뿐이러니, 시집을 와서도 그 버릇을 버리지 못하고 어디가 뜨끔만 하면 무꾸리질이요, 남편이 이틀만 아니 들어와 자도 살풀이하기라. 어디 새로 난 무당이 있다든지, 신통한 점쟁이가 있다면 남편 모르게 가도 보고 청해다도 보아 놓고 메를 올리라든가, 기도를 하라든가, 무당의 입이나 점쟁이 입에서 뚝 떨어지기가 무섭게 거행을 하니, 이는 최씨 부인이 무당이나 점쟁이를 위하여 그리 하는 바가 아니라, 자기 생각에는 사람의 일동일정으로 죽고 사는 일까지라도 귀신의 농락으로만, 물 부어 샐 틈 없이 꼭 믿고 정신을 못 차려 그러는 것이러라.

장사나자 용마가 난다고 함진해 집에 능청스럽게 거짓말 잘하고 염치없이 도둑질 잘하는 안잠 자는 노파 하나가 있어, 저의 마님의 눈치를 보아 비위를 슬슬 맞춰 가며 전후 심부름은 도맡아 하는데 천행으로 최씨 부인이 태기가 있어 아들 하나를 낳으니 노파가 신이 열 길이나 나서,

(노) "마님, 마님의 정성이 지극하시더니 칠성님이 돌보셔 삼신 행차가 계시게 하셨습니다. 에그, 아기나 범연한가, 떡두꺼비 같은 귀동자지. 오냐, 무쇠 목숨에 돌끈 달아 수명 장수하여라."

그 아이가 거적자리에 떨어진 이후로 무슨 귀신이 그리 많이 덤비던지 삼일 안부터 빌고 위하는 것이 모두 귀신이라. 겨우 돌 지나 걸음발 타는 아이가 돈은 제 몸뚱이보다 몇십 갑절이나 들었더라.

그런데 그 아이에게 펄쩍 잘 덤비는 여귀 둘이 있으니, 최씨 마음에 죽지 아니하였고 살아 있어 그 지경이면 다갱이에서부터 발목까지 아드등 깨물어 먹고라도 싶지마는, 죽어 귀신이 된 까닭으로 미운 마음은 어디로 가고 무서운 생각이 더럭 나며, 무서운 생각이 너무 나서 위하고 달래는 일이 생겨 행담과 고리짝에다 치마 저고리를 담아서 둔 방 축머리에 줄남생이 같이 위해 앉혔으니 그 귀신은 도깨비도 아니요, 두억시니도 아니요, 못다 먹고 못다 쓰고, 함씨 집에 인연이 미진하여 원통히 세상 버린 초취 부인 이씨와 재취 부인 박씨라. 사람이 죽어 귀신이 되어 산 사람에게 침노한다는 말이 본래 요사스러운 무녀의 입에서 지어 낸 말이라. 적이나 현철한 부인이야 침혹할 리가 있으리오마는, 최씨는 지각이 어떻게 없던지 노파와 무녀의 꾸며내는 말을 열 되들이 정말로만 알고 그 아들이 돌림 감기만 들어도 이씨 여귀, 설사 한 번만 해도 박씨 여귀, 피륙과 전곡을 아까운 줄 모르고 무당·점쟁이 집으로 물 퍼붓듯 보내다가, 고삐가 길면 디딘다더니 함진해가 대강 짐작을 하고 최씨더러 훈계를 하는데, 본래 함진해의 위인은 무능하지마는 선부형 문견으로 그같이 요사한 일이 별로 없던 가정이라.

　(함) "여보, 무당·판수라 하는 것은 다 쓸데없는 것이외다. 저희들이 무엇을 알며, 귀신이라 하는 것이 더구나 허무치 아니하오? 누가 눈으로 보았소? 설혹 귀신이 있기로 나의 전마누라가 둘이 다 생시에 심덕이 극히 착하던 사람인데 죽어졌기로 무슨 침탈을 하겠소? 다시는 이씨니 박씨니 하는 부당한 말을 곧이듣지 마오."

　(최) "죽은 마누라를 저렇게 위하시려면 똥구멍이라도 불어서 아무쪼록 살려 데리고 해로하시지, 남을 왜 데려다 성가시게 하시오? 누가 이씨·박씨의 귀신이 무던하지 아니하다오? 무던한 것이 탈이지, 귀신은 귀하답시고 한 번 만져만 보아도 산 사람의 병이 된다오. 인제는 아무가 앓든지 죽든지 나는 도무지 상관치 말리다. 걱정 마시오."

이 모양으로 몰지각하게 폭백하니 함진해가 어이없어 좋은 말로 타이르고 사랑으로 나간 후에 최씨가 전취 부인들이 살아 곁에 있는 듯이 강짜가 나서,

(최) "할멈, 영감 말씀 좀 들어 보게. 아무리 사내 양반이기로 생각이 어쩌면 그렇게 들어가나?"

(노) "영감께서 신귀가 그렇게 어두시답니다. 딱도 하시지, 돌아가신 마님 역성을 그렇게 하실 것 무엇 있나? 마님, 영감께서 돌아가신 두 마님과 금슬이 아주 찰떡 근원이시더랍니다. 아무리 그러셨기로 누가 그 마님들을 옥추경이나 읽어 무쇠 구멍에 가두었나? 떠받들어 위하시기밖에 더 어떻게 하시라고?"

(최) "여보게, 염려 말게, 저년들 무서워 천금같이 귀한 자식을 기르며 두고두고 그 성화를 받을까? 내일 모레 영감께서 송산 산소에 다니러 가시면 산역을 시키느라고 여러 날 되신다데. 세차게 경 잘하는 장님 대여섯 불러오게. 자네 말마따나 옥추경을 지독하게 읽어 움도 싹도 없게 가두어 버리겠네."

(노) "에그, 너무나 잘 생각하셨습니다. 조금 박절하지만, 두고두고 성가시럽게 구는데, 시원하게 처치하여 버리시지. 아무리 귀신이기로 심사를 바로 가지지 아니하고 살아 계신 양반에게 말만 이르니 박절할 것도 없습니다."

(최) "장안에 어디 있는 장님이 그 중 영한구? 이 근처 돌팔이 장님들은 쓸데없어."

(노) "아무렴, 그렇고말고요, 돌팔이 장님은 무엇에 쓰게요? 제까짓 것들이 그 귀신을 가두기커녕 범접이나 해보겠습니까? 덧들이기나 하지. 장님은 복차다리 사는 정 장님이 아주 제일이라고들 하여요."

(최) "그러면 그 장님을 불러다 일을 하여 보세."

약속을 단단히 하고 손가락을 꼽아 기다리다가 그 남편이 길을 떠난

후 경을 며칠을 읽었던지 이씨 여귀, 박씨 여귀 잡아 가두는 양을 눈으로 현연히 보는 듯이 최씨 마음에 시원 상쾌하여 누워 자는 그 아들의 등을 뚝뚝 두드리며 말도 못 하는 아이더러 알아들을 듯이 이야기를 한다.

"만득아, 시원하지? 만득아, 상쾌하지? 너의 전 어머니 귀신들을 다 가두어 버려서 다시 못 오게 하였다. 으응. 어머니는 그까짓 것들이 네게 무슨 어머니? 죽은 고혼이라도 어머니 노래를 들어 보려면 그 까지로 행세를 했을까? 만득아, 그렇지, 응응. 인제는 앓지 말고 잘 자라서 어미의 애쓴 본의 있게 하여라, 응응. 에그, 그것이야 엄전하게 잘도 자지."

하며 입을 뺨에다 대고 쭉쭉거리는데, 안잠 마누라는 곁에 앉아 최씨의 말하는 대로 어릿광대같이,

"그렇고말고, 마님 말씀이 꼭 옳으시지. 어머니 노릇을 하려면 그까지로 행실을 했겠습니까?"

만득이 볼기짝을 저도 뚜덕뚜덕하며,

"아가, 어머니 말씀을 다 들었니? 이 다음에 어머니께 효성스러운 자손 되고 할멈도 늙게 호강시켜 다고."

가장 만득의 나이 장성하여 말을 아니 듣는 듯이 최씨가 꾸지람을 옳게 한다.

"오, 이놈, 어미의 애쓴 본의 없이 뜻을 거스르든지 할멈의 길러준 공 모르고 잘살게 아니하여 주어 보아라. 내 솜씨에 못 배길라."

이 모양으로 주거니받거니 지각 반점없이 지껄여 가며, 대원수가 되어 십만 대병을 거느리고 적국을 한 북소리에 쳐 없앤 후 개선가나 부른 듯이, 날마다 둘이 모여 앉으면 그 노래 부르기로 세월을 보내더라.

연때가 맞느라고 하루 빤한 날 없이 잔병치레로 유명한 만득이가 경 읽은 이후로는 안질 한 번 안 앓고 잘 자라니, 최씨 마음에 정 장님은

천신만 싶어 만득의 먹고 입는 일동일정을 모두 그 지휘하는 대로 남의 집 음식도 아니 먹이고, 색다른 천 끝도 아니 입혀, 본래 구기가 한 바리에 실을 짝이 없던 터에 얼마쯤 가입을 하였는데 그 명목이 썩 많으니, 세간 놓는 데 손보기, 음식 보면 고수레하기, 새 그릇 사면 쑥으로 뜨기, 쥐구멍을 막아도 토왕 보기, 닭을 잡아도 터주에 빌기, 까마귀만 울어도 살풀이하기, 족제비만 나와도 고사 지내기.

이와 같이 제반 악징을 다 부리는데 정안수 그릇은 장독대에 떠날 때가 없고, 공양미 쌀박은 어느 산에 아니 가는 곳이 없으며, 심지어 대소가 사이에 상변이 있으면 백일씩 통치 아니하기는 예사로 하더라.

우리 나라에 의학이 발달 못 되어 비명에 죽는 병이 여러 가지로되 제일 무서운 병은 천연두라.

사람마다 으레 면하지 못하고 한 번씩은 겪어 고운 얼굴이 찍어매기도 하며, 눈이나 귀에 병신도 되고, 종신지질(종신병) 해소도 얻을 뿐더러, 열에 다섯은 살지를 못하는 고로 속담에 '역질 아니한 자식은 자식으로 믿지 말라.'는 말까지 있은즉, 그 위험함이 다시 비할 데 없더니, 서양 의학자가 발명한 우두법을 배워 온 후로 천연두를 예방하여 인력으로 능히 위태함을 모면하게 되었건마는, 누가 만득이도 우두를 넣어 주라 권하는 자 있으면 최씨는 열·스무 길 뛰며 손을 회회 내어젓고,

"우리 집에 와서 그대 말하지도 마오. 우두라 하는 것이 다 무엇인가? 그까짓 것으로 호구별성을 못 오시게 하겠군. 우두한 아이들이 역질을 하면 별성 박대한 벌역으로 더구나 중하게 한답디다. 나는 아무 때든지 마마께서 우리 만득에게 전좌하시면 손발 정히 씻고 정성을 지극하게 들이어서 열사흘이 되거든 장안에 한골 나가는 만신을 청하고, 입담 좋은 마부나 불러 삼현육각에 배송 한 번을 찍지게 내어 볼 터이오. 우리가 형세가 없소? 기구가 모자라오?"
하며 사람마다 올까 봐 겁이 나고 피해 가는 역질을, 어서 오기를 눈을

감도록 고대하더니, 함씨의 집안이 결단이 나려든지 최씨의 소원이 성취가 되려든지 별안간 만득의 전신이 부집 달듯하며 정신을 모르고 앓는데 뽀얀 물 한 술 아니 먹고 늘어졌으니, 외눈의 부처같이 그 아들을 애지중지하는 함진해가 오죽하리오. 김 주부를 청하여, 오별제를 불러라 하여 맥도 보이고 화제도 내어, 연방 약을 지어다 어서 달여 먹이라 당부를 하니, 함진해 듣고 보는 데는 상하노소 물론하고 분주히 약을 쉴새없이 달이는 체하다가, 함진해만 사랑으로 나가면 그 약은 간다 보아라 하고 귀신 노래만 부르는데, 그렁저렁 삼 일이 지나더니, 녹두 같은 천연두가 자두지족에 빈틈없이 발반이 되었는데, 붉은 반은 조금도 없고 배꽃 이겨 붙인 듯하더니, 팔구 일이 되면서 먹장 갈아 끼얹은 듯이 흑함이 되며 숨결이 턱에 닿았더라. 역질이라는 병은 다른 병과 달라, 증세를 보아 가며 약 한 첩에 죽을 것이 사는 수도 있고, 중한 것이 경해도 질 터이어늘, 최씨는 약은 비상국만치 여기고 밤낮 들고 돌아다니는 것이 동의 정안수뿐이니 이는 자식을 아편이나 양잿물을 타먹이지 아니하였다 뿐이지, 그 죽도록 한 일은 조금도 다를 것이 없어, 불쌍한 만득이가 지각 없는 어미를 만나 필경 세상을 버렸더라. 아무라도 자식 죽어 설워 아니할 이는 없으려니와 최씨는 설움이 나도 썩 수선스럽게 배포를 차리는데,

"그것이 그 모양으로 덧없이 죽을 줄이야 어찌 알아…… 인간은 몰라도 무슨 부정이 들었던 것이지…… 허구한 날 눈에 밟혀 어찌 사나…… 한이나 없게 큰 굿을 해보았더면 좋을걸. 영감이 하도 고집을 하니까 마음에 있는 노릇을 해볼 수나 있어야지…… 제가 좋은 곳으로나 가게 용산 나아가서 지노귀새남이나 하여 주어야……."

그 다음에는 목을 놓아 울어 대는데 노파는 덩달아 울며,

(노) "마님, 그만 그치십시오. 암만 우시면 한 번 길이 달라졌는데 다시 살아옵니까? 마님 말과 같이 새남이나 하여 저승길이나 열어 주

시지. 그렇지만 마마에 간 아이는 진배송을 내어야 이 다음에 낳는 자손도 길하답니다."

(최) "자네 말이 옳은 말일세. 나도 번연히 알면서 미처 생각지 못했네그려. 여보게, 우리 단골더러 진배송을 한 번 잘 내달라고 불러 주게. 영감도 생각이 계시겠지. 고집 세우다 일을 저질러 놓고 또 무엇이라 하시겠나? 내가 죽더라도 하고 말 터이니 그 염려는 말고 어서 가 보게."

노파가 살판이나 만난 듯이 경둥경둥 뛰어 대묘골 모퉁이로 감돌아들더니 조그마한 평대문 집으로 서슴지 아니하고 들어가며,

"만신 계십니까? 만신 계셔요?"

안방 문이 펄덕 열리며 얼굴에 아양이 다락다락하는 여인이 끼웃이 내어다보며,

"이게 누구시오? 어서 오시오."

하며 손목을 다정히 끌고 안방으로 들어가더니,

(만신) "그 댁 아기가 구태나 멀리 갔다구려. 나는 벌써부터 그럴 줄 알면서도 박절히 바로 말을 못 했소. 그래, 어찌해 오셨소? 자리걷이를 하신다고 나를 불러오라십드니이까?"

(노) "자리걷이가 아니라 진배송을 내신다고 제구를 다 차려 가지고 내일로 오시라고 하십디다."

하며 앞뒤를 끼웃끼웃 둘러보며,

(노) "누구 들을 사람이나 없소?"

(만) "아무도 없소. 걱정 말고 세상없는 말이라도 다 하시오."

(노) "만신…… 지금 세상에 상전의 빨래를 해도 발뒤꿈치가 희다 하는데, 이런 판에 좀 먹지 못하고 어느 때 먹소? 나 하라는 대로만 다 하고 보면 전 천이나 잘 떼어 먹을 터이오."

(만) "아무렴, 먹는 것은 어디로 갔던지 마누라님 지휘를 내가 아니

들으며, 또 돈이 생기기로 내가 마누라님을 모르는 체하겠소? 그대 말은 하나마나 무슨 일이오? 이야기나 하시구료."

노파가 앞으로 다가앉으며 만득이 병중에 하던 말과 찾던 것을 낱낱이 형용하여 이르고 무어라 무어라 한동안 지껄이더니,

"꼭 되지 아니했소? 그렇게만 하고 보면 세상없는 사람도 깜짝 반하지."

(만) "아니 될 말이오. 그 모양으로 어설프게 해서 큰 돈을 먹어 보겠소? 별말 말고 내 말대로 합시다."

(노) "아무렇게 하던지 일만 잘하구료."

(만) "내가 사흘이 멀다 하고 그 댁에를 북 드나들 듯하였으니 세상없이 영절스러운 말을 하기로 누가 믿겠소? 마누라님도 아마 아실걸. 저 국수당 아래 있는 김씨 만신이 배송 잘 내기로 소문나지 아니했소? 지금으로 내가 그 만신을 가 보고 전후 부탁을 단단히 할 것이니 마누라님은 댁으로 가서 마님을 뵈옵고 곧이 들으시도록 꾸며 대구료."

(노) "옳소, 그것 참 되었소. 그 만신 소문을 우리 댁 마님도 들으시고 그렇지 아니해도 일상 한 번 불러 보시든지 가 보신다고 하시면서도 혹 단골이 노여워하면 어찌하리 하시고 계신 터인데, 당신이 천거하더라고 여쭙기만 하면 얼마쯤 좋아하실 것이오. 마님께서 기다리실 터이니까 나는 어서 가야 하겠소. 김 만신 집에를 즉시 가 보시오."

하고 두어 걸음 나아가다가 다시 돌아서며,

(노) "김씨 만신이 좋기는 하오마는, 나와는 생소하니 다 알아서 부탁하여 주시오."

(만) "그만만 해도 다 알아듣소. 염려 말고 어서 가시오."

이 모양으로 별순검 변쓰듯 끝만 따 수작을 하고 노파의 마음이 든든하여 집으로 돌아오더니 최씨를 보고 언구럭을 피우는데,

(노) "마님, 다녀왔습니다. 아마 대단히 기다리셨을 것이오. 얼른 다녀온다는 것이 그렇게 되었습니다."

(최) "늙은 사람 행보가 자연 그렇지. 그에서 더 속히 올 수 있나? 그래, 단골더러 내일 오라고 일렀나?"

(노) "단골이 오는 것이 다 무엇입시오? 제가 앓아서 거진 죽게 되었는데요."

(최) "그러면 어떻게 한단 말인가?"

(노) "마님, 일상 말씀하시던 국수당 만신이 하도 소문이 났기에 지금가서 내일로 일을 맞추고 왔습니다."

(최) "국수당 만신이라니, 금방울 말인가?"

(노) "네네, 금방울이올시다."

금방울의 별호 해제를 들으면 요절 아니할 사람이 없으니, 얼굴이 누르퉁퉁하여 금빛 같다고 금이라 한 것도 아니요, 키가 작아 떼굴떼굴 굴러다니는 것이 방울 같다고 방울이라 한 것도 아니라. 그 무당의 입에서 떨어지는 말이 길흉간 쇠소리가 나게 맞는다고 소리나는 쇠로 별호를 지을 터인데 쇠에 소리나는 것이 허구많지마는 종로 인경이라 하자니 너무 투미하고, 징이나 꽹과리라 하자니 너무 상스러워, 아담하고 어여쁜 방울이라 하였는데, 방울 중에도 납방울·시우쇠방울·은방울 여러 가지 방울이 있으되 썩 상등으로 대접하느라고 금방울이라 하였으니, 금이라는 것은 쇠 중에 일등될 뿐 아니라 그 무당의 성이 김가니, 김은 즉, 금이라고 이뜻 저뜻 모두 취하여 금방울이라 하였더라.

금방울의 소문이 어떻게 났던지 남북촌 굵직굵직한 집에서 단골 아니 정한 집이 없어, 한 달 삼십 일, 하루 열두 시, 어느 날 어느 때에 두 군데, 세 군데 으레 부르러 와, 몸뚱이가 종잇장 같으면 이리저리 찢어지고 말았을 터이러라. 원래 무당이라 하는 것은 보기 좋게 춤이나 잘 추고 목청 좋게 소리나 잘하고 수다스럽게 지껄이기나 잘하면 명예를 절로 얻어 예 간다 제 간다 하는 법인데, 금방울이는 한때 해먹고 살라고 하느님이 점지해 내셨던지 그 여러 가지에 한 가지 남의 밑에 아니 들 뿐더러 남의 눈치 잘 채우고, 남의 말 넘겨짚기 잘하고, 아양·능청 온갖 재주를 구비하였는데, 함진해 마누라의 무당 좋아한다는 소문을 듣고 어떻게 하면 한 번 어울려 들어 그 집 세간을 홀쭉하도록 빨아먹을꼬 하고 아라사(러시아) 피득 황제가 동양 제국을 경영하듯 하던 차에, 함진해 집에서 부른다는 말을 듣고 다른 볼일을 다 제쳐놓고 다방골로 내려와 함씨 집 안방으로 들어오며 첫대 앙큼스러운 거짓말 한 번을 내어 놓는데, 최씨는 아들 참척을 보고 설우니 원통하니 하는 중에도 금방울의 말이 어떻게 재미가 있는지 오줌을 잘곰잘곰 쌀 지경이라.

(금방울) "세상에 이상한 일도 있어라. 예 없던 신그릇에서 방울이 딸딸 울며, 두 어깨에 짐이 잔뜩 실리더니, 제 집에 뫼신 호구 아기씨께서 인도를 하시기를 꿈결인지 잠결인지 한 곳에를 가 보았더니, 집 모양이든지 방 안 세간 놓인 것까지 영락없이 댁일세. 신통도 해라."

최씨는 미처 대답도 하기 전에 노파가 한 번 더 초를 쳐서 찰떡 반죽하듯 한다.

(노) "꿈도 영검하셔라. 만신이 댁과는 적지 아니한 연분이시구료. 마님께서는 그런 현등하신 바는 없으셔도 일상 마음이 절로 키어서 만신을 보시고 싶다 하셨다오."

(최) "만신의 나이 손아래일 듯하니 처음 보아도 서어하지 않도록 하게 하겠네. 지금 할멈도 말했지마는 어찌해 그런지 일상 만신이 보고 싶더니 좋은 일에 청해 오지 못하고, 애구 애구…… 팔자 사나워 열 소경의 한 막대 같은 자식을 죽이어 궂은 일에 청하였네그려. 애구 애구…… 끔찍스러운 일을 보고 모진 목숨이 살아 있기는 그 자식의 저승길 밝혀 주려니와 더러운 욕심이 무슨 낙을 다시 볼까 하지, 애구 애구……."

하더니 노파를 부른다.

(최) "할멈, 어서 배송 제구를 차려 놓고 사랑에 나아가 영감께 내 말로 여쭙게."

(노) "제구는 어제 다 장만한 것을 또다시 차릴 것이 있습니까마는 영감께 무엇이라 여쭈랍시오? 걱정이나 듣게요?"

(최) "걱정은 무슨 걱정을 하신단 말인가? 내 말대로 이렇게 여쭙게. 역질에 죽은 아이를 진배송을 아니 내어 주면 원귀가 되어 다시 환토를 못 할 뿐더러, 이 다음에 낳는 아기께도 길하지 못한 일이 생긴다니, 그것이 참말이나 거짓말이나 알고서야 그대로 있을 수 없습니다. 자세 자세 여쭙되, 처음에 걱정 좀 하신다고 멀찍이 돌아서지 말고 알아들으시도록 말씀을 하게. 그래서 정 아니 들으신대도 나는 그래도 시작하겠네."

노파가 사랑으로 나아가 한나절을 서서 핀잔을 먹어가며 어떻게 중언부언하였던지 함진해가 슬며시 못 이기는 체하고 드러누우니, 이는 노파의 말솜씨가 소진 장의 같아 속아넘어간 것도 아니요, 이치가 그러한 듯하여 어기지 못하리라 한 것도 아니라. 어리석은 생각에 자기 마누라 뜻을 너무 거스르다가 감정이 더럭 나면 집안에 화기를 잃을 지경이라 하여 혼자말로,

"계집이라는 것은 편성이라, 옳고 그르고 너무 억제하게 되면 저 잘못하는 것은 모르고 야속한 생각만 날 터이요, 또 요사이 몹쓸 경상을 보고 울며불며 하는 터이요, 나 역시 아무 경황 없이 세상사가 귀치 않다."

하고 할멈의 말을 잠잠히 듣다가,

"아무 짓이든지 하고 싶은 대로 하라게그려. 말리지 아니하네."

노파가 그 말 한 마디를 듣더니 엉덩이춤이 절로 나서 열 걸음을 한 걸음에 뛰어들어오며,

"마님, 인제는 걱정 마옵시오. 영감께서 허락을 하셨습니다. 만신, 마음 턱 놓고 징, 장구 울려 가며 진배송이나마 산배송 다름없이 마님 속이 시원하시게 잘 내어 주오."

금방울이 신 옷을 내어 입고 장단을 맞추어 춤 한바탕을 늘어지게 추다가 매암 한 번을 뺑뺑 돌며, 왼손에 들었던 방울을 쩔레쩔레 흔들더니 숨 한 번을 오려(올벼. 철 이르게 익은 벼) 논의 새 쫓듯 위이 쉬고서 공수(무당이 죽은 사람의 뜻이라고 전하는 말)를 주되, 호구별성이 금방 온 듯이 최씨를 불러 세우고 수죄를 하는데, 세상 부정 모두 들어다 함진해 집에다 퍼부은 듯이 주워 섬긴다.

"어허, 괘씸하다! 최씨 계주야, 네 죄를 네 모를까? 별성 행차를 몰라보고 물로 들어 수살 부정, 불로 들어 화살 부정, 거리 거리 성황 부정, 아침저녁 주왕 부정, 사람 죽어 상문 부정, 그릇 깨져 악살 부정, 쇠털같이 숱한 부정을 아니 범한 것이 없구나. 앉아서 삼천리요, 서서는 구만 리라. 너희 인간은 몰라도 내야 어찌 속을소냐. 어허, 괘씸하다! 네 죄를 생각거든 네 아들 데려간 것을 원통타 말아라."

이 때 최씨와 노파는 번차례로 나서서 손바닥을 마주 대어 가슴 앞에 높이 들고 썩썩 비비면서 입담이 매우 좋게 비는데,

"허하고 사합시사. 인간이라 하는 것이 쇠술로 밥을 먹어 아무것도 모릅니다. 여러 가지 부정을 다 쓸어 버려서 함씨 가꿈을 참기름같이 맑혀 줍소사. 입은 덕도 많삽거니와 새로 새 덕을 입혀 주사. 죽은 자식은 연화대로 인도해 주시고 새로 낳는 자손을 수명 장수하게 점지해 줍시사."

금방울이 또 한 번 춤을 추다 여전히 매암을 돌며 휘이 휘 소리를 하더니 황주 봉산 세청 미나리 곡조같이 노랑목을 연해 넣어 가며 넋두리가 나오는데 최씨 마음에는, '아마 만득이 넋이 돌아왔거니.' 싶어 제가 살아 오나 다름없이 소원의 일이나 물어 보고 원통한 말이나 들어 보겠

다고 하고 바싹바싹 들어서더니, 천만 뜻밖에 다시 오려니 생각도 아니 하였던 귀신이 왔더라.

금방울이 두 눈에는 눈물이 더벅더벅 떨어지며,

"에그, 나 돌아왔소. 내가 이 집에 인연지고 시운진 내오. 에그, 할멈, 나를 몰라보겠나? 아, 삼 년 석 달 병들어 누웠을 때 단잠을 못다 자며 지성으로 구완해 주던 자네 은공, 죽은 넋이라도 못 잊겠네, 에. 침방에 있는 반닫이 안에 나 시집올 때 가지고 온 은반상이 있으니 변변치 않으나, 그것이나 갖다가 내 생각하여 가며 받아 먹게, 에. 에그, 원통해라, 아! 정도 남다르고 의도 남다르더니 한 번 죽어지니까 속절이 없고나, 아."

이 때 구경하는 집안 식구들이 제각기 수군거리는데 어떤 계집은,

"여보 형님 형님, 저게 누구의 넋이 들었소? 아마 재취 마님이지."

어떤 계집은,

"아닐세, 은반상 해 가지고 오셨다는 것을 들어 보게. 초취 마님이신가 뵈. 이별제 댁이 부자로 사시는 때문에 그 마님 시집오실 제 퍽 많이 가지고 오셨다데. 재취 마님 친정은 억척 가난하여서 이 댁에서 안팎을 싸오셨는데 은반상이 다 무엇인가? 질그릇도 못 가져왔다네."

어떤 계집은,

"아주머니 말씀이 옳소. 영감 마님과 금실도 초취 마님이 계셨지. 재취 마님과는 나무 공이 등 맞춘 것같이 삼 년이나 사시며 말 한 마디 재미있게 해 보셨소?"

그 중에 한 계집은 여러 가지의 이야기하는 것을 한편으로 들어가며 행주 치맛자락을 접어 들고 두 눈에는 샘 솟듯 나오는 눈물을 이리 씻고 저리 씻고 흑흑 느껴 우는데, 이 때의 최씨는 눈꼬리가 실쭉하여 아무 말도 아니하고 섰다가 혀를 툭툭 차며,

"저렇게 원통한 것을 누가 죽으라고 고사를 지냈나? 이년 삼랑아, 보기 싫다. 너는 죽은 사람만 밤낮 못 잊어 아이 때부터 드난을 했나니, 무던한 심덕을 못 잊겠나니 하며, 산 나는 쓴 외 보듯 하는 터이니 공연히 소요스럽게 울고 섰지 말고 저렇게 왔을 때에 아주 따라가려무나. 할멈, 나가서 영감 여쭙게. 귀신이 보고 싶다네. 그 소원이야 못 풀어 주겠나?"

함진해가 집안에서 똥땅거리는 것이 듣기 싫어 의관을 내려 입고 친구집에 가서 바둑이나 두다 오려고 막 나서다가 할멈이 나와 큰 마누라의 혼이 들어와 청한다는 말을 듣고 속종(마음 속에 품고 있는 소견)으로,

'이런 미친 무당년도 있나? 여인들을 속이다 못하여 나까지 속여 보려고. 대관절 그년의 거동을 구경이나 해 보아, 정 요사스럽거든 당장 내어쫓으리라.'

하고 노파 뒤를 따라 안으로 들어오며,

"우리 죽은 마누라가 어디 왔어, 응?"

그 말이 채 그치기 전에 넋두리하던 무당이 마주 나오며 대성통곡하더니, 함진해의 입이 딱 벌어지며 혀가 홰홰 내둘리게 수작이 나온다.

"에그 영감, 나를 몰라보오, 오? 아무리 유명이 달라졌기로 어쩌면 그다지 무정하오, 오? 나 병들었을 때에 무엇이라고 하셨소, 오? 십년 동거하던 정을 버리고 왜 죽으려 드느냐고 저기 저 창 밑에서 더운 눈물을 더벅더벅 떨어뜨리시던 양을 보고 죽는 나의 뼈가 아프며 눈을 못 감겠더니, 이 눈이 꺼지지 않고 살이 썩지도 않아 밤낮 열나흘 경을 읽어 구천응원이 호통을 하고 소거백마가 선봉이 되어 앞뒤에다 금사진을 치고 움도 싹도 없이 잡아 가두려 하였으니, 아무리 영감이 하신 일은 아니시나 인정에 어찌 모르는 체하오, 오? 간신히 자취를 숨겨 이 집을 떠나갈 제 원통하고 분한 생각 어느 날 어느 때에 잊히겠소, 오? 이 집 저 집 엿보며 수수밥 조죽사발로 고픈 배를

채우면서 그 동안 세월을 보내던 내오, 오."

그 때 겨시로 왔던 무당이 별안간 손뼉을 치며 넋두리가 또 나오는데,

"에그, 나도 돌아왔소. 이팔청춘에 뒷방 마누라가 되어 긴 한숨 짜른 탄식으로 평생을 마치던 박씨 내오, 오. 여보 영감, 그리를 마오. 살아서 박대하고 죽어서도 미워하여 밝은 세상을 보지도 못하게 경을 읽어 가두려 드오, 오. 에그, 지원극통해라, 아!"

하더니, 그 다음부터는 둘이 병창을 하여 흑흑 느껴가며,

"우리 둘이 전후취로 영감께 들어와 생전에는 서로 보지도 못했으나 고혼은 남과 달라, 아. 손목을 마주잡고 설운 눈물이 마른 날 없이 전전걸식 다니다가 칠월 보름날 사시초에 베전 병문에서 영감을 만나 이씨 나는 동남풍이 되고, 박씨 나는 서북풍이 되어 두 바람이 모여 회오리 바람이 되었소, 오. 영감의 가시는 길을 에워싸고 이리 돌고, 저리 돌고, 감돌고 푸돌며 지접할 곳을 두루 찾더니 영감 쓰신 제모립이 둥둥 떠나가 일 마장 밖에 가 떨어지기에 우리가 그 갓에 은신을 했더랬소, 오. 그 길로 영감을 따라 집에를 들어온 지 보름이 다 되도록 국내 장내 맡기만 했지, 떡 한 덩이 못 얻어먹었소, 오. 여보아라 최씨야, 우리를 그렇게 박대하고 무사할 줄 알았더냐! 네 자식 데려간 것을 원통타 마라아. 별성마마께 호소하고 네 자식을 잡아왔다아."

상하 노소 여인들이 서로 수군수군하며,

"에그, 저것 보아. 초취·재취 두 마님이 모두 오셨네. 그런데 그게 무슨 소릴까? 영감더러 하는 말씀이 이상도 하지 그러니까 댁 아기를 그 마님이 데려갔구료. 누가 그대 뜻이나 했을까? 경 읽어 가두면 다시 세상에 못 나오는 줄 알았더니 경도 쓸데없어."

이 모양으로 공론이 불일한데 이씨·박씨의 죽은 넋이 함진해의 산

넋을 다 빼갔던지 함진해가 금방울의 입만 물끄러미 건너다보고 두 눈에 눈물이 핑 돌며,

"허허, 무당도 헛것이 아니로군. 내가 베전 병문에서 회오리 바람을 만난 것을 집안 사람도 본 이가 없고 아무더러도 이야기한 적도 없는데 여합부절로 말하는 양을 본즉 귀신이라는 것이 있기는 하는걸."

하고 최씨더러 책망을 하는데 함진해 생각에는 예사로 하는 말이지마는 최씨 듣기에는 죽은 마누라 역성이 시퍼런 것 같더라.

(함) "집안에서 나만 쌀쌀 기이고 못 할 짓이 없었군. 아무리 죽은 사람이기로 내 가속되기는 일반인데, 어느 틈에 옥추경을 읽어 가두려 들었던고? 마음을 그렇게 독하게 쓰고서야 자식을 보전할 수가 있나?"

혀를 뚝뚝 차며 할멈 이하 여러 계집종을 흘겨보며,

"이년들, 아무리 마님이 시키기로, 내게는 한 마디 고하는 년이 없고, 네 이년들, 견디어 보아라. 차후에 무슨 변이 또 있으면 그제는 한매에 깡그리 때려 죽일 터이니, 너희년쯤 죽이면 귀양밖에 더 가겠느냐?"

최씨는 자기 남편의 하는 양을 보고 옥니가 뽀도독뽀도독 갈리며 강열이 바싹 치밀지만 부지중에 소원성취된 일 한 가지가 있어, 분한 줄도 모르고 설운 줄도 모르고 도리어 빌붙느라고 골몰 중이니, 그 성취된 소원은 별것이 아니라 자기 남편이 무당이라면 열스무 길씩 뛰더니, 넋두리 한바탕에 고집 세던 응어리가 확 풀어지며 깜짝 반하는 모양이라. 인제는 쉬쉬 할 것 없이 펼쳐내어 놓고 할 노릇을 한껏 해 보겠다 하고 목소리를 서늘하게 눅여가며,

(최) "영감, 내가 다 잘못한 일인데 하인들 걱정하실 것 있소? 집안에 우환이 하도 떠나지 아니하기에 그러면 나을까 하고 지각없는 일을 했었구료. 그러기에 여편네지. 그렇지 아니하면 여편네라고 하겠소?

이다음부터는 집안만 편안하다면 이씨 · 박씨 두 귀신을 내 등에 업어 모시기라도 하리다."

함진해의 위인이 이단을 물리치고 오도를 존숭하는 도학군자라든지 원소를 궁구하여 물질을 분석하는 물리박사 같으면 물 같은 심계가 휘저어도 흐려지지 아니할 것이요, 산 같은 지조가 흔들어도 빠지지 아니할 터이지마는, 여간 주워들은 문견으로 점잖은 모양을 강작하여 무당 판수를 반대하던 것이, 첫째는 남이 흉볼까 함이요, 둘째는 인색에서 나옴이라. 실상은 의심이 믿음보다 많아 귀신이 있는 듯도 하고, 없는 듯도 하던 차에, 없는 증거는 보지 못하고 있는 증거는 확실히 본 듯싶어서, 어서어서 회사를 발기하든지 학교를 설립하든지, 고금이나 보조를 청구하면 당장 굶고 벗는 듯이 엄살을 더럭더럭 하여 가며 한푼 돈 내기를 떨던 규모가, 별안간에 어찌 그리 희떠워졌는지 싸고 싸 두었던 이전 찾아 벼 작전해 온 돈을 아까운 줄 모르고 펄쩍 날라다 별비를 써 가며 무당하는 대로 시행을 하는데, 눈치 빠른 금방울이는 함진해의 거동을 보고 새록새록 별소리를 다 지어내어 번연히 제 입으로 말을 하여 제 욕심을 채우면서도 저는 아무 상관 없는 듯이,

"이씨가 노자를 달라 한다. 박씨가 의복차를 달라 한다. 당집을 짓고 위해 달라. 달거리로 굿해 달라."

하여 당장에도 빼앗고 싶은 대로 빼앗고 이 다음까지 두고두고 우려먹을 거리까지 장만하는데, 거죽 인심을 푹 얻어 놓아야 아무 중병이 아니 나겠다 하고 만득이 넋두리를 대미쳐 하며 나 업어 준 공으로 할멈은 무엇을 주고, 젖 먹여 준 공으로 유모는 무엇 무엇을 주고, 삼랑이 · 은단이는 이것저것을 차례로 주라고, 어머니 · 아버지를 연해 불러 가며 부탁을 하여 파산 선고 당한 집의 판심하나 다름없이 집어 내려 들더라.

싸리말 · 짚오장이에 홍양 산수 팔연을 갖추어 입담 좋은 마부놈이

마부타령을 거드럭거려 하며 호구별성을 모시고 나가는데, 그림자도 흔적도 없는 치행에 찾는 것이 어찌 그리 많은지 형형색색으로 섬길 수 없는 중, 대은전쾌를 지어 말워낭을 달아라, 세백목필을 채어 마혁을 달아라, 마량을 달라, 대갈갑을 달라, 요기차·신발차 등속의 달라는 소리가 한끈에 줄줄 이었더라.

그 전에는 최씨가 안잠 마누라를 데리고 역적 모의하듯 그대 소문이 날세라, 그대 눈치가 보일세라 하여 가며 집안 망할 짓을 하더니, 인제는 도리어 자기 남편이 알지 못할까 봐 겁을 내고 함진해는 그런 말 듣기가 무섭게 내 집에 쓰던 돈이 없으면 남에게 빚을 내어다라도 그 시행은 하고야 마는데, 장안 만호 집집마다 날 곧 밝으면 개문하니 만복래로 떡떡 열어젖뜨려, 가까운 친척이나 정다운 친구들이 나오기도 하고 들어가기도 하건마는, 밤이나 낮이나 잠시 아니 열어놓고 안으로 빗장을 굳게 질러 적적히 닫아 두는 대문은 함진해 집이라. 그 집 대문을 왜 그렇게 닫아 두었는고 하니, 매삭 초하루·보름으로 고사를 지내고, 기도도 하느라고 부정한 사람이 내왕할까 염려하여 대문 주초 앞에 황토를 삼태로 퍼부어 두고 좌우 설주에 청솔가지를 날마다 꽂아 두건마는 그 사정 모르는 사람은 종종 들어오는 고로, 그 폐단을 없이 하느라 그 문을 아주 닫은 것이더라.

하루는 황혼이 될락 말락 하여 대문에서 벼락치는 소리가 나며 노파가 들어오더니, 최씨 입에서 사북 개천 같은 욕설이 나오는데,

(최) "그 양반이 왜 그리 성가시게 굴어? 그것 참 심상치 아니한 심사야. 죽어서 꽁지벌레밖에 안 될걸. 그 모양이니까 나이 사십이 불원하도록 초사 하나 못 얻어 하고 비렁뱅이 꼴로 돌아다니지. 남 잘 사는 것이 자기 못 사는 것보다 더 배가 아픈 것이로군."

(노) "왜 그 상제님이 남이십니까? 남도 아니신데 그러시니까 딱하시지요."

(최) "일가 못된 것은 남만도 못하다네. 친형인가, 친아우인가? 사촌부터야 남이나 질 것이 무엇인가? 에그, 나는 일가도 귀치 않고 당내도 성가스러워. 모두 일본이나 아라사로 떠나 가기나 했으면 이꼴 저꼴 아니 보겠네."

함진해는 영문도 모르고 저녁밥을 먹으러 들어오다가 그 광경을 보고,

(함) "왜 누가 어찌했길래 그리하오? 떠들지 않고는 말을 못 하오? 요란스럽소."

(최) "누구는 누구야요? 진위 상제님인지 누구인지, 날송장을 주무른지가 석 달 열흘도 못 되고서 아무리 대소가기로 무엇 하러 와서 대문이 닫혔으면 고만이지, 발길로 박차고 들어올 것이 무엇이란 말이오? 번연히 알며 심사 부리는 것이지. 에그, 이 노릇을 어떻게 하나! 두 달 반이나 들인 공이 나무아미타불이 또 되었지. 삼신맞이를 하려면 번번이 이렇게 재앙이 드니, 우리 팔자에 자식이 아니 태었는지 삼신 제왕이 아무리 점지하시려니 이 모양으로 인간 부정이 있으니까 괘씸히 보시지 아니할 수가 있나?"

함진해가 입맛을 쩍쩍 다시고 남 듣게 말은 아니해도 속종으로는 부인의 말을 조금도 반대가 없이 자기 사촌을 긴치 않게 여겨서,

"사람도, 지각 날 나이 되었건만, 응! 글자가 그만치 똑똑하여 각색 사리를 알 만한 것이 술곧 먹으면 방정을 떨어! 어, 방정을 떨면 제 집에서나 떨지, 내 집에까지 와서 왜?"

입맛을 또 한 번 쩍쩍 다시고 앉았다가 소리를 버럭 질러,

"삼랑아, 네 나가서 보아라. 작은댁 상제님인지 누구인지 갔나, 그저 있나? 그저 있거든 내서 들어오지 말고 냉큼 가라 하더라고 일러라."

삼랑이가 대답을 하고 중문간에를 막 나가는데 상제 하나이 추포중단에 새 방립을 푹 숙여 쓰고 휘적휘적 들어오다가 삼랑이를 보고,

(상제) "영감 어디 계시냐?"

(삼랑) "아낙에 계신데, 밖에 상제님 오셨다는 말씀을 들으시고 들어 오실 것 없이 바로 가시라 하셔요."

(상) "들어오지 말라고, 들어오지 말라고? 왜 들어오지 말라고?"
하며 삼랑이 말은 다시 대꾸도 아니하고 바로 안마루 위에를 썩 올라서 며,

"형님!"

한 마디를 부르더니 대성통곡을 드러내 놓으니, 함진해는 가슴이 덜 컥 내려앉으며 어기가 질려 아무 말도 못 하고, 최씨는 독이 바싹 나서 아랫목에 앉았는 채 내어다 보지도 아니하고 악만 바락바락 쓴다.

(최) "왜, 와서 울어요? 멀쩡한 집안에 왜 와서 울어요? 우리 집에서 도 초상난 줄 아시오? 아무리 대소가간이기로 깃옷을 입고 구태여 들어오실 것이 무엇이오?"

이 모양으로 수숙간 체통은 조금도 없이 무지막지하게 말을 하니, 전 같으면 함진해가 자기 부인을 적잖이 나무라고, 사촌의 우는 것을 좋은 말로 만류하였을 터이지마는, 사람의 심장이 변하기로 어쩌면 그렇게 변하였는지, 사촌이라도 친형제나 다름없이 자별하던 우애를 꿈에도 생각지 아니하고 영창을 메붙이며,

"이놈아, 내 집에 와서 울 곡절이 무엇이냐? 설우면 네 집 상청에서 나 울지. 나이 사십이 불원한 것이 방갓귀를 쳐뜨리고 돌아다니며 먹 을 것만 여겨 술만 퍼먹고 주정은 내게 와 해? 나는 네 주정받이하는 사람이냐?"

그 상제의 선친은 곧 진해의 작은삼촌 함지평이라. 육십지년이 되도 록 분호를 아니하고 백씨와 일문 동거하여 화기가 더럭더럭하였고, 백 씨 돌아간 뒤에도 그 조카 함일덕의 공부도 시키고 살림 뒷배도 보아 주느라고 곁집을 사들고 하루도 몇 번씩 큰집에 와서 대소사 분별을 하

여 주더니, 최씨가 삼취 질부로 들어온 후로 열 가지 일이면 아홉 가지는 뜻에 맞지 아니하여 한두 번 이르고 나무라다 점점 의만 상할 지경이라, 차라리 멀찍이 가서 살아 눈에 보고 귀에 듣지 아니하려고 진위로 낙향하였더니, 수토가 불복하여 그렇던지 우연히 병이 들어, 장근 삼 년에 신접살이 변변치 못한 재산이 여지없이 탕패할 뿐더러, 필경 백약이 무효하였는데, 그 아들 일청은 성품이 경직하여 사리에 조금이라도 온당치 아니한 것을 보면 듣는 사람이 싫어하든지 미워하든지 도무지 고기 아니하고 바른말을 푹푹 하는 터이라. 그 사촌의 심정이 변하여 범백처사하는 양을 보고 부화가 열 길씩은 부풀어 올라오지마는, 자기 부친이 집안에 화기가 손상할까 하여 매양 만류함을 거역키 어려워 꿀떡꿀떡하고 지내더니, 급상을 당한 후 부고를 전인하여 보냈더니, 그 부고를 받아들이지도 아니하고 대문 밖에서 도로 쫓아 보내며, 상가를 통치 아니할 일이 있으니 아무리 박절하여도 백일이 지난 후라야 내려오겠다 말로만 일러 보내고, 초종 장례를 다 지내고 졸곡*까지 지내도록 현영이 없는지라, 일청이 분한 생각대로 하면 성복 안이라도 뛰어 올라가 손위 사촌이라 할 것 없이 한바탕 들었다 놓고 싶지마는, 행세하는 처지에 초상 상제가 상청을 떠날 수도 없고, 그러느라면 남에게 일문이 불목하다는 비소도 받을 터이라, 참고 또 참아, 누가 종씨는 어찌하여 아니 내려오느냐 하게 되면 신병이 위중하니, 출입을 했나니, 별별 소리를 다 꾸며 대어, 아무쪼록 뒤덮어 가며 그렁저렁 졸곡을 지낸 후에 질문 한 번을 단단히 해 보려고 벼르고 벼러 올라왔더니, 자기 사촌의 집 대문을 닫아 걸고, 천호만호하여도 알고 그리했든지, 모르고 그리했든지 도무지 대답이 없다가, 노파가 마침 붉은 함지에 노란 식지를 덮어 머리에 이고 나오다가 자기를 보고 깜짝 놀라며,

---

* 졸곡(卒哭) 사람이 죽은 지 석 달 안의 첫 정일이나 해일을 택하여 지내는 제사. 삼우제를 지 낸 뒤임.

"상제님, 무엇 하러 오셨습니까? 댁에 아기를 비시느라고 칠성 기우를 하시는데 백일이 한 보름밖에 아니 남았습니다. 들어가지 말고 달이나 가시거든 올라오십시오."

하고 생면부지 과객 따돌리듯 하려 드니 함상인이 분이 날 대로 나서,

"무엇이 어쩌고 어찌해? 칠성 기우를 하기에 그렇지, 팔성 기우쯤 했더면 천일 부정을 볼 뻔했네그려. 부정은 누가 똥칠하고 다닌다던가? 자네가 명색이 무엇인데 누구더러 가거라 오거라, 어어, 아니꼬워."

노파가 최씨의 세줄만 믿고 함상인을 터진 꽈리만치도 못 알고 훌뿌릴 대로 훌뿌려 인사 도리가 조금도 없이,

"늙은 사람더러 아니꼽다고? 초상 상제가 부정하지 않으면 무엇이 부정한고? 양반은 법도 없나? 큰댁에서 자손이 없어 기우를 한다면 들어오라고 하신대도 도로 가실 터인데, 들어오시지 말라는데 부득부득 우기실 것이 무엇인고? 생각대로 합시오그려. 우리가 상관이 있습니까?"

다시는 말해 볼 새 없이 안으로 들어가니, 함상인이 본래 성미가 괄괄한 터에 그 구박을 당하매 어찌 기가 막히지 아니하리오. 자기 종씨를 들어가 보고 가슴에 서려 담아 두었던 책망도 절절이 하고, 노파의 분풀이도 시원하게 하려 들었더니, 입쩍 한 마디 해 볼 새 없이 최씨의 악 쓰는 소리를 듣고 설움이 복바쳐 올라오니, 이는 상제 몸이 되어 망극한 생각이 새로이 나는 것도 아니요. 자기가 박대를 받아 원통코 분해서 그리하는 것도 아니라. 수십 대 상전하여 오던 대종가가 최씨 수중에 망하는 일이 지원절통하여 인사여부 할 새 없이 마룻바닥을 주먹으로 치며 대성통곡을 드러내어 놓은 것이라.

한참을 울다가 최씨의 포달 부리는 것을 듣고 분나는 대로 하면 다갱이가 깨지도록 적벽대전이라도 할 터이나, 차마 수숙간 체통을 아니 볼

수 없어 아무 말도 못 하고 있다가 그 사촌의 만불근리하게 꾸짖는 말을 듣더니 최씨에게 할 말까지 한데 얼뜨려 말대답이 나온다.

(상) "형님 마음이 변하셨소, 본래 그러시오? 내 아버지는 형님의 작은아버지요. 형님 아버지는 내 큰아버지신데, 내 아버지 돌아가신데 졸곡이 다 지나도록 영연일곡을 안 하오? 큰아버지가 돌아가셨을 때에는 내가 철몰랐소마는, 만일 지금같이 장성하여서 현영을 안 하게 되면 형님 생각에 매우 잘한다 하실 터이오? 기도는 무슨 기도요? 기도를 하면 인사 도리도 없소? 펄쩍 기도 잘하는 집 잘 되는 것 못 보았소."

함진해는 양심이 과히 없던 사람은 아니라, 손아래 사촌일지언정 바른말을 하니 무엇이라 대답할 말 없이 못 들은 체하고 있는데 최씨가 혀를 툭툭차고 벌떡 일어나더니 자기 남편을 흘겨보며,

"에, 무능도 하오. 손아래 사람이 저 모양으로 할 말, 못 할 말 함부로 해도 꾸지람 한 마디 못 하고 무슨 큰 죄나 지었소? 아니할 말로 죽을 죄를 지었더라도 형은 형이지."

하며 영창 문을 메어 붙이고 마주 나오더니,

(최) "여보 상제님, 무엇을 잘못했다고 수죄를 하러 오셨소? 상제님은 삼사 형제씩 아들을 두었으니까 시들한가 보오마는 우리는 자식이 없으니까 아니날 생각이 없어 기도를 하오. 무슨 기도인지 시원히 좀 아시려오? 왜 우리가 기도를 하여서 당신의 충충이 자라는 아들 장가를 못 들이겠소? 사내 양반이 악담은 어따 대고 하오?"

(상) "내가 누구더러 악담을 했더란 말씀이오? 그렇게 하시지를 말으십시오. 아무리 분정지도에 하시는 말씀이라도."

(최) "그러면 악담이 아니고 덕담이오? 번연히 우리가 기도를 하는데 기도하는 집 잘되는 것 못 보았다구? 잘되지 못하면 망한다는 말이구료? 사촌도 이만저만이지, 누대봉사하는 종가 사촌인데, 종가가

망하면 무슨·차례 갈 것이나 있을 줄 아나 보구료. 망해도 내 집 나 망하는 것을 걱정할 것 없이 당신네 집이나 어서 흥해 보시오. 빈말이나 참말이나 종손 낳기를 빈다 하니, 없는 정성이 남과 같이 드리지는 못할지언정 중단자락을 휘두르고 훼방을 놀러 오셨소?"

이 모양으로 함상인이 미처 대답할 새 없이 물 퍼붓듯이 하더니 그 자리에 펄쩍 주저앉아 들입다 울어 대니, 편협하고 배우지 못한 부인네가 마음에 맞지 아니한 일이 있으면 제 독살을 못 이기어 쪽쪽 울기는 흔히 하는 버릇이지마는, 최씨는 능청 가지를 가입하여, 자기 남편이 감동하도록 하느라고 갖은 사설을 하여 가며 자탄가로 울더라.

"팔자를 어떻게 못 타고 나서 이 모양인가! 으으으, 떡두꺼비 같은 자식을 잡아먹고 청승궂게 살아 있어서, 어어어. 눈먼 자식이라도 하나 점지하실까 하고 정성을 들여 보쟀더니, 이이이. 무슨 대천지 원수로 그것조차 방망이를 두누, 으으으. 인제는 사촌도 다 알아보고 대소가도 다 알아보았소, 오오오. 우리 만득이도 저 모양으로 총부리들을 대어서 죽었지, 이이이."

치는 시어미보다 말리는 시누이가 더 밉다고 사설하는 최씨보다 곁에서 그만 그치라고 권하는 노파가 더 가통하다.

"마님 마님, 그치십시오. 분하고 원통하시면 어쩝십니까, 남도 아니시고 집안간이신데. 그리하시는 양반이 그르시지, 당하신 마님이야 잘못하시는 것이 무엇 계십니까? 마님, 마님 그만 그치십시오."

하더니, 가장 사리를 저 혼자 아는 체하고 마루로 나와 함상인을 보고,

"사랑으로 나아가십시오. 점점 마님 분만 돋우지 말으시고. 재하자는 유구무언이랍니다. 상제님 잘하신 것도 없지마는, 아무리 잘하셨기로 형수마님이 저렇게 하시는데 어찌하십니까? 마님 말씀이 한마디도 틀리신 것이 없습니다. 어서어서 나아가십시오."

일청이가 울던 눈을 딱 걷어붙이고 대청 들보가 뜰뜰 울리게 소리를

질러,

"어, 아니꼬워! 그 꼴을 더 못 보겠구. 늙은것이 안잠을 자러 돌아댕기면 마음을 올곧게 먹어 주인집이 잘되도록 하는 것이 아니라, 전후 요사스러운 말은 모두 지어 내어 남의 집을 결단을 내려고, 무엇이 어쩌고 어찌해? 마님 분돋음을 내가 해? 재하자는 유구무언이야? 이를테면 나의 행실을 가르치는 모양인가? 한 매에 죽이고도 죄가 남을 것 같으니."

함상인이 쓰레밭 같은 짚신을 집어 부시럭부시럭 신으며,

"형님, 나는 가오. 인제 가면 어느 때 또 뵈러 올지 모르겠습니다."

이렇게 말이 나오니, 잘잘못은 고사하고 가깝지 아니한 길에 올라온 사촌이니, 아무라도 하루를 묵어 가라든지, 그렇지 못하면 밥이라도 먹고 가라할 터인데, 무안해 그렇든지 얘기가 질려 그렇든지 함진해는 달다 쓰다 말이 도무지 없이 내어 밀어 보지도 아니하고 있더라.

사람의 집 재산은 물레바퀴같이 빙빙 돌아다니는 것이라. 이 집에 없어지면 저 집에 생기고, 저 집에 없어지면 이 집에 생겨서, 있다가 없어지기도 쉽고, 없다가 있기도 쉬워 변화·번복을 이루 측량하기 어려운 것이라.

함씨의 집안 대청에 금방울 소리가 딸랑딸랑 한 차례 난 이후로 몇 사람은 못살게 되고 몇 사람은 생수가 났는데, 그 서슬에 해토머리에 눈 사라지듯 없어져 가는 것은 함진해의 재산이라.

못살게 된 사람은 누구 누구인고 하니, 첫째는 함상인이니, 함상인이 그 모양으로 다녀간 후로 최씨의 미워하는 마음이 대천지 원수보다 못지아니하여, 자기 남편에게 없는 말 있는 말을 하여 들려, 저의 부친 유언으로 해마다 주던 돈 몇천 냥, 벼 기십 석을 다시는 주지 아니할 뿐더러, 진위 땅에 있던 농막까지 다른 곳으로 이매하여 농사도 지어 먹지 못하게 하니, 신꼴망태 쏟아 놓은 것 같은 충충이 자라는 자녀들은 모

두 밥주머니요, 다산한 부인의 벌통 같은 뱃속은 쓴것·단것을 물론하고 들여라 들여라 하는데, 졸지에 생맥이 뚝 끊어지니, 성품은 남보다 급한 함상인이 어찌 기가 막히지 아니하리오. 열 번 죽어도 자기 사촌의 집에는 다시 발길 들여 놓기가 싫어 허리띠를 바싹바싹 졸라 매어가며 지직닢도 매고 짚신 켤레도 삼아, 쌀되·나뭇짐을 주변하여 하루한때 죽물을 흐려가고, 둘째는 박 유모니, 박 유모는 함진해 돌 전부터 젖을 먹여 길러 낸 공으로 그 이웃에다 집을 장만해 주고 일동일정을 대어 주어 나이 육십여 세가 되도록 걱정없이 지내니, 남들이 말하기를, 함진해는 박 유모의 젖이 아니면 살지 못하였을 것이요, 박 유모는 함진해의 시량이 아니면 살지 못하겠으니, 천지가 보복지리가 신통하다고들 하더니, 신통이 변하여 절통이 되느라고 함상인이 최씨에게 구박을 받고 쫓겨나올 때에 늙은 마음에 너무 가엾어서 자기 집으로 청해 들여 좋은 말로 위로하고 장국 한 상을 대접하여 보냈더니, 박 유모의 바른말이 듣기 싫어 소리없는 총이 있으면 탕 놓아 죽이고 싶어하는 안잠 마누라가 그 일을 알고 증연부익을 하여 무엇이라고 얽어 넘겼던지 하루라도 아니 오면 하인을 보내 불러다 보고, 감기나 체증으로 조금만 편치 않다면 몸소 가서 문병하던 함진해가, 별안간에 괘씸하니 괴악하니 하는 무정지책으로 눈앞에 뵈지 말라 일절 거절하고, 다시는 나무한 가지 양식 한 움큼 대어 주지 아니 하니, 남의 농사는 잘 짓고 내 농사는 잘 못하듯, 함진해는 잘 길러 주면서 자기 자식은 기르지 못할 근력 없는 소경 늙은이가 끈 떨어진 뒤웅이 모양으로 삼척 냉돌에 뱃가죽이 등 뒤에 가 붙어, 오늘 내일간 어서 죽기만 기다리고 있더라. 그러면 생수난 사람들은 누구들인고 하니, 첫째는 금방울이라. 베전 병문에서 회오리 바람에 함진해 갓 벗겨지는 것을 넌짓 보고 그 눈에 뜨이지 아니하려고 행랑 뒷골로 돌아온 후로 어쩌면 함씨 집 쇠를 먹어 볼꼬 하다가, 대묘골 무당의 인도로 함씨 집에를 다니며 앙큼하고 알랑스러운 수단으로 그날부터 회오리 바람을 두고두고 쇠옹두리 우리듯 하여 먹는데 별별 기묘한 방법이 다 있어, 삼국 시절 적벽강 싸움에 방덕 선생이 조조를 속여 연환계로 팔십만 대군을 깨치듯 금방울은 함씨 내외를 속여 정탐 수단으로 누거만 재산을 탈취하는데, 그 내외의 웃고 찡그리는 것까지 전보를 놓은 듯이 금방울의 귀에 들어오면, 금방울은 귀신이 집어대는 듯이 일호 차착없이 말을 번번이 하니, 함진해는 쥐에게 파먹히는 닭 모양으로 오장을 빼어 가도 알지 못하고, 영하니 신통하니 하여 가며 자기 정신을 자기들이 차리지 못할 만치 되었는데, 제일 큰 문제는 아들 비는 일이라. 돈을 쳐들이고 쌀을 퍼주어 가며 보름 기도니, 한 달 기도니 하여 이웃집에서 닭 한 마리만 잡아 먹고 누가 손가락 하나만 베도 부정이 들어 효험이 없겠다 하고 번번이 다시 시작을 시키다가, 다시는 핑계될 말은 없고 기도만 마치면 태기 있기를 날마다 기다릴 것이요, 태기가 요행 있으면 좋으려니와, 만일 없고 보면 헛일을 했느니, 영치 않으니 하여 본색이 탄로될 터이니 무엇으로 탈을 잡을꼬 하고 별 궁리를 모두 하다가 함상인 다녀간 소식을 듣더니, 얼씨구 좋다 하고 상문 부정을 연해 쳐들어 살풀이를 해도 여간해서는 아무 일도 아니 되겠다 칭탁하고, 또 한 차례를 빼앗아 먹는데, 함씨의 집 광 속 반닫이 속에 있는 능라금수는 제 의복이나 다름 없으며, 그 지차에는 노파·삼랑 등이 너나 할 것 없이 모두 살판이 났는데, 최씨 부인 앞에서는 질고 갠 날 없이 양반의 일 하느라고 죽을 힘을 다 들이는 체하여 특별 행하가 물 퍼붓듯 나오도록 나꾸어 내고, 금방울에게는 우리가 아니면 네 일이 아니 되리라고 생색과 공치사를 연해 하여 열에 두셋씩은 으레 떼어먹어 행랑방 구석으로 돌아다니던 것들이 뒷구멍으로 집과 세간을 제각기 떡 벌어지게 장만했더라. 말 많은 집안의 장맛이 쓰다고, 구기 몹시 하고 무당 좋아하는 집안은 우환질고가 으레 떠나지 아니하는 이치라.

함진해 내외가 번차례로 앓아, 하루 빤한 날이 별로 없이 푸닥거리 성주받이를 아무리 펄쩍 하여도 아무 효험이 없으니 최씨도 넋이 풀리고 금방울도 무안하여, 다시 무슨 일을 시킬 염치가 없으니, 그렇다고 그만두고 보면 함씨의 재물을 다시 구경도 못해 볼 터이라. 한 가지 새 의견을 내어 나머지까지 마저 훑어내는 바람에 함씨의 조상 뼈다귀가 낱낱이 놀아나더라.

사람마다 한 가지 흉은 없기가 어려우되, 전라도 낙안 사는 임 지관이라 하는 사람은 제반 악증을 모두 겸하여, 세상 없는 사람이라도 그 자에게 들어 속아 넘어가지 않는 이가 없으므로, 제것이 한 푼 없어도 호의호식하고 경향으로 출몰하며 남 속이는 재주를 한두 가지만 품은 것이 아니라. 의술 좋아하는 사람을 만나면 의원 행세도 하고, 음양술수를 좋아하는 사람을 만나면 이인* 자처도 하고, 산리에 고혹*한 사람을 만나면 지관 노릇도 하여, 어리석고 무식한 무리를 쫓아다니며 후려 넘기는데 외양도 번번하고 글자도 무식지 않고, 구변도 썩 좋은지라, 대저 마름쇠로 상하 삼판에 어디를 가든지 곁자리가 비지 아니하는 유명한 자이라. 서울 와 주인을 정하되, 장안 만호 하고 많은 집에 장과 국이 맞느라고 금방울의 이웃집에다 정하고 있으니, 유유상종으로 자연 친숙하여 남매지의를 맺어, 누이님, 오빠 하며 정의가 매우 두터운 터이라. 못할 말, 할 말 분간할 것 없이 속에 있는 회포를 의논할 만치 되었는데, 하루는 임 지관을 청하여 한나절을 무어라 쑥덕공론을 하더니 임 지관이 그 날로 행장을 차려 주인을 떠나가더라.

함진해가 여러 날 최씨의 병구완을 하다가 자기도 성치 못한 몸에 자연 피곤하여 사랑에 나와 정신없이 누웠더니, 노파가 창 밖에 와서 근심이 뚝뚝 듣는 말소리로,

* 이인(異人) 재주가 신통하고 비범한 사람.
* 고혹(蠱惑) 남의 마음을 호려 자제심을 잃게 하는 것.

"영감마님. 주무십니까?"

함진해가 깜짝 놀라며,

(함) "왜 그러나, 마님 병이 더하신가?"

(노) "아니올시다. 놀라지 마십시오. 제가 아니할 생각이 없어서 국수당 만신을 청해 조상대를 내려 보니까 이상스러운 말이 나서 영감께 여쭙니다."

(함) "무슨 이상한 말이 있더란 말인가? 무당의 소리도 인제는 듣기 싫어."

(노) "댁에 위로할 귀신은 위로도 하고, 퇴송할 귀신은 퇴송도 하였으니 우환 걱정이 다시는 없을 터인데, 한 가지 조상의 산소가 잘못 들으셔서 화패가 자주 있다고, 고명한 지관을 찾아 하루바삐 면례*를 하면 곧 효험을 보겠다 하여요."

(함) "이 사람, 쓸데없는 말 고만두게. 고명한 지관이 어디 있다던가? 내가 몇십 년 구산에 금정* 하나 바로 놓는 자를 만나 보지도 못했네."

(노) "만신에게 한 번 더 속아 보실 작정하시고 들어오셔서 물어 보십시오. 정성이 간곡하면 천하명풍을 만나리라고 공수를 줍디다."

(함) "정성 정성, 내가 무당의 말 듣기 전에 명풍을 만나려고 정성도 적잖이 들여 보았네마는, 다 쓸데없데. 그러나 허허실수로 한 번 물어나 보세."

하고 귀 밑에 옥관자를 붙이고 제왈 점잖다 하는 위인이 남부끄러운 줄도 그다지 모르던지 노파의 궁둥이를 줄줄 따라 들어와 금방울 앞에 가 납신 앉으며,

"그래, 우리집 우환이 산화로 그러해? 그 말이 어지간하기는 한걸.

---

* 면례(緬禮) 묘를 다른 곳으로 옮김.
* 금정(金井) 무덤을 만들 때에, 구덩이의 길이와 너비를 재기 위하여 쓰는 틀. 모양은 '井' 자임.

세상에 똑똑한 지관을 만날 수 없어 선대감 내외분 산소부터 내 마음에 일상 미흡하건마는 그대로 뫼셔 두었는걸. 어떻게 하면 도선이·무학이 같은 명풍을 만날꼬? 시키는 대로 정성은 내가 드리지."

금방울이 백지로 한 허리를 질끈 맨 청솔 가지를 바른 손으로 잡고 쌀모판에다 한참 딱딱 그루박으며 엮어대는 듯이 무어라고 주워 섬기더니 상큼하게 쪼그리고 앉으며 두 손끝을 싹싹 부비고,

(금) "에그, 이상도 해라. 영감께서 이런 말을 들으시면 제가 지어내는 줄 아시겠네."

(함) "무엇이 그리 이상해? 대관절 어떻게 하면 만나겠나, 그것이나 물어 보라니까."

(금) "글쎄 그 말씀이올시다. 알 수는 없지마는 신의 말씀이 하도 정녕하게 집어낸 듯이 일러 주시니 시험하여 보십시오. 내일 정오 십이 시에 무학재 고개를 넘어가면 산겨드락 소나무 밑에서 어떠한 사람이 돌을 베고 잠을 잘 것이니, 그 사람에게 정성을 잘 들여 보시라고 공수를 주셨습니다. 하도 이상하니까 제 입으로 말을 하면서도 지내 보지 않고 장담할 수 없습니다. 아무렇든지요, 밤만 지내면 즉, 내일이니, 잠시 떠나시기 어려우셔도 영감께서 손수 가 보시든지 정 겨를이 없으면 친신한 사람을 보내어 보십시오."

(함) "그 시에 가면 정녕 그런 사람이 있을까? 명산을 얻어 쓰려면서 다른 사람을 보내서 될 수가 있나? 내가 친히 정성을 들여야 할 것이지."

하더니 탈것 두 채를 마침 준비하였다가, 그 시간을 맞추어 무학재로 향하는데, 새문 밖에를 나서 이전 경기 감영 모퉁이를 돌아서더니 함진해가 눈을 연해 씻으며 독립문을 향하고 맞은편 산 근처 푸르스름한 나무 밑이라고는 하나 내어 놓지 아니하고 이리저리 아무리 살펴보며 가도 사람이라고는 나무꾼 하나 볼 수 없는지라, 속중으로,

'허허, 또 속았구. 번연히 무당이란 것이 헛것인 줄 짐작하면서 집안에서 하도 떠들기에 고집을 못 할 뿐 아니라, 어떤 말은 여합부절로 맞기도 하니까 전수히 아니 믿을 수 없어 오늘도 여기를 나오는 길인데.'

하며 무학재를 막 넘어서니까 남산 한 허리에서 연기가 물씬 나며 오포 놓는 소리가 귀가 딱 맞치게 탕 한 번 나는데, 길 위 산비탈 아래 소나무 한 주가 우뚝 섰고 그 밑에 어떤 사람 하나이 갓을 벗어 나뭇가지에 걸고, 겉옷자락으로 얼굴을 덮고 모로 누워 잠이 곤히 들었는지라. 함진해가 반색을 하여 인력거에서 내려 곁에 가 가만히 앉아 행여나 잠을 놀라 깨울세라, 기침도 크게 못 하고 있는데, 한 식경은 되어 잠을 깨는 모양같이 기지개 한 번을 켜더니, 다시 돌아누워 잠이 또 드는지라, 아무 말도 못하고 석양이 다 되도록 그대로 기다리고 있다가, 그자가 부시시 일어나 두 손으로 눈을 썩썩 부비고 입맛을 쩍쩍 다시며 거들떠 보지도 아니하는 것을 보고, 함진해가 공손히 앞에 가 꿇어앉으며 구상전이나 만난 듯이 자기 몸을 훨쩍 쳐뜨려 수작을 붙인다.

"이왕 일차도 뵈온 적이 없습니다. 기운이 안녕하십니까?"

그자는 못 들은 체하고 눈을 내리깔고…… 그리할수록 함진해는 말소리를 나직이 하여 가며,

"문안 다동 사는 함일덕이올시다."

그자는 여전히 못 들은 체하고…… 이같이 한 시 동안은 있더니 그자가 눈살을 잔뜩 찡그리고,

"응, 괴상한고! 응, 누가 긴치 않게 일러 주었노?"

그 말을 들으니 함진해 생각에 제갈량이나 만난 듯이,

'옳다, 인제야 내 소원을 성취하겠다. 천행으로 이 사람을 만나기는 했지마는 조금이라도 내 성의가 부족하면 아니될 터이니까…….'

하고서 다시 일어나 절을 코가 깨어지게 하며,

"제가 여러 십 년을 두고 한 번 뵈옵기를 주야 응축하였습니다마는, 종시 정성이 부족하여 오늘에야 뵈옵니다. 타실 것을 미리 대등하였으니 누추하시나마 제 집으로 행차하시기를 바랍니다."

그자가 함진해를 물끄러미 보다가 허허 웃으며,

"할일없소. 벌써 이 지경이 된 터에 박절히 대접할 수 있소? 그러나 댁 소원이 집안 질고나 없고 슬하에 귀자나 낳을 명당 한 곳을 얻으려 하지 않소?"

함진해의 혀가 절로 내둘리며 유공불급*하여,

(함) "네, 다른 소원은 아무것도 없고, 그 두 가지뿐이올시다. 선친의 묘소를 흉지에다 뫼셔 화패가 비상합니다. 자식되어 제 화패는 고사하고 부모 백골이 불안하시니 일시가 민망하오이다."

(그자) "내 역시 아무것도 아는 것이 없으니까 별 도리가 있소? 그나저나 오늘은 피곤하여 잠도 더 자야 하겠고, 볼일도 있어 못 가겠으니 내일 이맘 때 동대문 밖 관왕묘 앞으로 나오되 아무도 데리지 말고 댁 혼자 오시오. 나는 누워 자겠소. 어서 들어가시오."

하며 돌을 다시 베고 드러눕더니 코를 드르렁드르렁 고는지라. 함진해가 다시 말 한 마디 붙여 보지 못하고 집으로 들어와, 이튿날 오정이 될락 말락 하여 단장 하나만 짚고 홀로 동관왕묘를 나아가노라니 자연 십여 분 동안이 늦었는지라.

그자가 벌써 와 앉았다가 함진해를 보고 정색하여 말하되,

"점잖은 사람과 상약을 하였으면 시간을 어기지 않는 일이 당연하거늘 어찌하여 인제 오느뇨?"

(함) "시간을 대어 오느라는 것이 조금 늦어서 오래 기다리셨을 듯하오니 죄송만만하도소이다."

---

* 유공불급(猶恐不及) 두려울 바가 못 됨.

(그자) "오늘은 늦었으니 내일 다시 오정에 삼각산 백운대 밑으로 오라."

하고 뒤도 아니 돌아보고 왕십리를 향하고 가거늘, 함씨가 더욱 조민하여* 집으로 들어오는 길로 금방울을 청하여 소경사를 이르고, 어떻게 하면 좋겠느냐 문의를 한즉, 금방울이 손으로 왼편 턱을 괴고 눈만 깜짝깜짝하고 있다가,

"에그머니, 영감마님, 일이 그렇지 않습니다. 그런 명풍의 손을 비시려면서 예단 한 가지 없이 그대로 가 보시니까 정성이 부족하다 하여 터의를 얼른 하지 아니하는 것인가 보오이다. 내일은 다만 백지 한 장이라도 정성껏 폐백을 하시고 청해 보십시오."

(함) "옳지, 그 말이 근리하군. 내가 까맣게 잊고서 빈손으로 연일 댕겼으니 그 양반이 오죽 미거히 여겼을라구. 폐백을 아니하면 모르거니와, 백지 한 권이 다 무엇이야? 그도 형세가 헐수할 수 없으면 용혹무괴*어니와 내 처지에야 그럴 수가 있나? 하불실 일이백 원 가량은 폐백을 하여야지."

(금) "애고, 영감, 잘 생각하셨습니다. 산소를 잘 모시어 댁내에 우환이 없으시고 겸하여 만금 귀동자 아기를 낳으시면 그까짓 일이백 원이 무엇이오니이까? 일이천 원도 아까우실 것 없지."

제삼일 되던 날은 함진해가 지폐 이백 원을 정한 백지에 싸고 싸서 조끼에 집어넣고 개동군령의 집에서 떠나 창의문을 나서서 인력거는 돌려보내고, 메투리(미투리)에 들메를 단단히 하여 천 리 · 만 리나 갈 듯이 차림이 대단하더니, 조지서 언덕을 채 못 가서 숨이 턱에 닿아서 헐떡헐떡하며 펄쩍 해만 쳐다보고 오정이 지날까 봐 겁을 더럭더럭 내어 발이 부르터 터지도록 비지땀을 흘리며 골몰히 북한을 바라보고 올

* 조민(燥悶)하다 초조하여 가슴이 답답하다.
* 용혹무괴(容或無怪) 의혹은 가지만 괴이할 것까지는 못 됨.

라가는데, 문수암으로 들어가는 어귀를 채 못 미쳐서 어떤 자가 앞을 막아 썩 나서며 전후 좌우를 휘휘 둘러보고 소매 속에서 육혈포를 내어 들더니, 함진해 턱 밑에서 바싹 대고,

"이놈, 목숨을 아끼거든 지체 말고 위아래 의복을 썩 벗어라!"

함진해가 수족을 사시나무 떨듯하며,

"네, 벗겠습니다. 벗을 때 벗더라도 제 말 한 마디만 들으십시오. 제 집 내환이 위중하여 약을 구하러 급히 가는 길이오니 특별히 용서해 주시면 적잖은 적선이올시다. 이 의복은 입던 추한 것이올시다. 내일 이 곳으로 다시 오시면 입으실 만한 의복을 몇 벌이든지 말씀하시는 대로 갖다 드리오리다."

그자가 눈을 부라리며,

"이놈아 잔소리가 무슨 잔소리야! 진작 벗지 못하고?"

하며 당장 육혈포 방아쇠를 잡아당길 모양이니 의복 말고 더한 것이라도 다 내어 놀 판이라. 다시는 말 한 마디 앙탈도 못 하고 윗옷부터 차례로 벗어 주니, 그자가 저 입었던 옷을 앞에다 탁 던지며,

"너는 이것이나 입고 가거라."

하고서, 함진해 의복을 제것같이 척척 입으며 조끼 속에 손을 썩 집어넣어 보더니 아무 말도 아니하고 산 속으로 들어가는지라. 함진해가 기가 막혀 그놈의 의복을 집어 입으니 당장에 더러운 살은 감추겠으나 한 가지 큰 걱정이 지폐 잃어버린 것이라. 가도 오도 못 하고 그 자리에 끌로 판 듯이 서서 입맛을 쩍쩍 다시며 혼자말로,

"이 노릇을 어찌하면 좋은가? 집으로 돌아갔다 오는 수도 없고, 빈손 들고 그대로 가자기도 딱하지. 가기로 그가 오지 말라고 할 리는 없지마는, 여북 무심한 사람으로 여길라고? 해는 점점 오정이 되어 오고 여기까지 왔던 일이 원통하니, 아무려나 신지에를 가 보는 일이 옳지. 가 보고 소경력 사정이나 이야기를 하여 내 정성이나 알도록

하여 보겠다."

하고 꿩 튀기러 다니는 사냥꾼 모양으로 단상투바람, 동저고리바람으로 어슬렁어슬렁 올라가며, 행세하는 터에 아는 사람을 만나면 어찌하리 싶어 얼굴이 절로 화끈거려 발등만 굽어보고 걸음을 걷다가, 목이 어찌 마른지 물을 좀 먹으려고 샘물 나는 곳을 찾아 바른편 산골짜기 안 바위 밑으로 내려가더니 별안간에 주춤 서며 두 손길을 마주 잡고 공손한 목소리로,

(함) "여기 앉아 계십니까? 오늘도 시간이 늦어 아마 오래 기다리셨지요?"

(그자) "……."

(함) "아무쪼록 일찍 오자고 새벽밥을 먹고 떠났더니, 정성이 부족함이런지, 거진 다 와서 도적을 만나 변변치 아니한 정을 표하자고 돈 이백 원이나 가지고 오던 것과 관망의복까지 몰수히 빼앗겼으나, 점잖은 양반과 상약을 한 터에 실신할 도리는 없고 분주히 오느라는 것이 이렇게 늦었습니다."

(그자) "가이없는 일이오. 횡래지액*도 산화소치가 아니라 할 수 없습니다. 그러나 오늘도 늦었으니 내일 오정에는 좀 가까운 세검정 연무대 앞으로 오시오. 나는 총총하여 가겠소."

하더니 횡행히 가는지라. 함진해가 억지로 만류할 수 없어, 문수암을 찾아 들어가서 보교를 얻어 타고 집으로 돌아와 노름꾼의 등단같이 돈 이백 원을 다시 변통하여 가지고 이튿날 열 시가 채 못 되어 연무대 앞에 와 그자 오기를 고대하더니, 오정이 막 되었는데 그자가 한 북문 통한 길로 올라오며 허허 웃고,

(그자) "오늘은 매우 일찍 오셨소그려."

＊ 횡래지액(橫來之厄) 뜻밖에 당하게 되는 재액.

(함) "여러 번 실기를 하여 대단히 불안하오이다."

하며 말끝에 조끼에서 무엇을 꺼내어 두 손으로 받들어 주며,

"이것이 변변치 아니하나 주용에나 보태서 쓰시옵소서."

그자가 펴 보지도 아니하고 집어넣으며,

"그것은 무엇을 가져오셨소? 아니 받으면 섭섭히 여기실 터이니까 받기는 받소. 나는 번거하여 이목이 수다한 데는 재미없으니 댁으로 같이 들어갈 것이 없이 댁 근처 조용히 있을 주인 한 곳을 정해 주시오."

함진해가 유공불급하여,

(함) "네, 그는 어렵지 아니합니다. 내 집도 과히 번거하지는 아니하지마는 아주 절간같이 조용한 집이 있으니 그리로 가 계시게 하지요."

사주인을 하고 많은 집에 하필 안잠 마누라 집에다 정하고, 삼시·사시로 만반진수를 차려 먹이며 아침 저녁으로 대령을 하여 정성을 무진 들이며 지관의 입만 쳐다보는데, 임 지관은 어쩌면 그렇게 묵중한지, 열 마디 묻는 말에 한 마디를 썩 시원하게 대답을 아니 하니, 그 속이 천 길인지 만 길인지, 어여뻐하는지 미워하는지, 알고 그러는지 모르고 그러는지 도무지 아는 수 없으니, 그리할수록 함진해는 목이 밭아 애를 더럭더럭 쓰며 감히 구산하러 가자는 말을 못 하고 자기 집 사정이 일시 민망한 이야기만 시시로 하더니 하루는,

(임) "여보 주인장, 산 구경하러 아니 가 보시려오? 신산도 잡으려니와 구산부터 가 보십시다. 선장 산소가 어디 계시오?"

(함) "네, 친산이 멀지 아니합니다. 양주 송산인데 불과 오십 리라, 넉넉히 되댕겨라도 오시지요."

하며 그 말을 얻어들은 김에 분주히 치행을 차릴 새 장독교 두 채에 건장한 교군 두 패를 지르고, 마른 찬합, 진 찬합과 약주병·소주병을 짐에 지워 뒤딸리고 동소문 밖으로 썩 나서니, 앞에는 함진해요, 뒤에는 임 지관이라. 함진해 마음에는,

'이번 길에 천하대지를 정녕 얻어 자기 친산을 면례할 터이니 우환 걱정은 다시 염려할 것 없이 만당자손도 게 있고 부귀공명도 게 있고 게 있으려니.'

하여 한없이 기꺼워 혼자 앉았든지 누구를 보든지 웃음이 절로 나와 빙글빙글하고, 임 지관 마음에는,

　'어떻게 말을 잘하면, 내 말을 꼭 곧이듣고 조약돌 밭을 갈아쳐도 다시 없는 명당으로 알아 불일내로 면례를 시킬꼬. 제 아비 이상으로 몇 대 무덤을 차례로 면례를 시켜 놓았으면 부지중에 내 평생 먹고 살 거리는 넉넉히 생기리라.'

하여 금방울과 안잠 마누라의 전하던 함씨집 전후 내력을 곰곰 생각하더라.

　얼마를 왔던지 장독교를 내려놓으며, 함진해가 먼저 나오더니 임 지관더러,

　(함) "인제 나의 친산이 멀지 아니합니다. 찬찬히 걸어가시면 어떠하실는지요?"

　(임) "그리해 봅시다."

하며 염낭을 부시럭부시럭 끄르고 지남철을 꺼내더니 손바닥 위에 반듯이 놓고 사면으로 돌아보며 입 속에 말을 넣고 중얼중얼하더니,

　"영감, 주룡으로 먼저 올라가십시다. 산세는 매우 해롭지 아니하여 뵈오마는."

하면서 이리도 가서 보고, 저리도 가서 보다가 눈살을 연해 찡그리고 분상 앞으로 오더니, 펄썩 앉으며 잔디를 꾹꾹 눌러 편편하게 한 후에 지남철을 내려놓고 자오를 바로 맞추더니,

　(임) "영감, 이 산소 쓴 지 몇 해나 되었소? 이 산소 모시고 화패가 비상하였겠소."

　(함) "산소 모신 지 지금 열두 해에 화패는 이루 측량하여 말할 수 없

습니다."

(임) "가만히 계시오. 내 소견껏 말을 할 것이니 과히 착오나 없나 들어 보시오."

하더니 얼음에 배 밀듯 내려 섬기는데, 함진해는 입에 침이 없이 칭찬을 한다.

(임) "산지라 하는 것은 복 있는 사람이 길지를 만난다 하였지마는, 산리를 알지 못하고 보면 번번이 이런 자리에다 쓰기 쉽것다. 태조봉이 음양취기를 하여야 손세가 장원하지. 그렇지 않고 독양이나 독음이 되어 사람의 부부 교합지 못한 것 같으면 자손을 둘 수 없는데, 이 산소가 독양·독음으로 행룡을 하였고, 안산에 식루사가 있으니 참척을 번번이 보셨을 것이요, 과협은 잘되지 못하였으나 좌우에 창고봉이 저러하니 가세는 풍부하시겠소마는 과두수가 있으니 얼마 아니되어 손해가 적지 아니할 것이요, 황천수가 비쳤으니 변상이 답지하겠소."

(함) "과연 이 산소 모시고 자식놈 여럿을 참척 보고, 상처를 두 번이나 하고, 재산으로 말해도 부지중에 손해가 적지 않았어요."

(임) "허허, 그러하시리다. 이 산소는 더 볼 것 없거니와 선왕장 산소는 어디 계신가요?"

(함) "예서 멀지 아니합니다. 이리 오십시오."

하며 임 지관을 인도하여 두어 고동이를 넘어가더니 손을 들어 가리키며,

(함) "저기 보이는 산소가 나의 조부모 합폄으로 모신 곳이올시다."

(임) "네, 그러하시오니이까?"

하고서 쇠를 또 내어들고 자세 살펴보더니,

(임) "이 산소도 매우 합당치 못한걸. 용이라 하는 것이 역수를 하여야 생룡이라 하거늘 순수도곡에 골육수가 과당하고 또 주엽산 큰 맥이 졸지에 뚝 떨어져 앞에 공읍사가 없고, 장단이 부제하여 여기도

쓸 만하고 저기도 쓸 만하니, 이는 허화*라. 모르는 사람 보기에는 좋을 듯하나 용진호퇴하여야 할 터인데, 용호가 저같이 상충하니 대소가가 불목할 것이요, 청룡이 많을 다자로 되었으니 자손은 번성하겠소마는 제일절이 저함하였으니 종손은 얼마 아니 가서 절대가 되는 장손과격이오. 영감 댁 작은댁이 어디 사는지 영감 댁은 자손이 없어도 그 댁에는 자손들이 선선하겠소."

(함) "그 말씀이 꼭 옳으십니다. 나는 자식을 낳으면 죽어도, 내 사촌은 아들을 사형제나 두었는데 모두 감기 한 번 아니 앓고 잘 자랍니다."

(임) "그러하리다. 대원 한 산소는 모르겠소마는 이 두 분상 산소는 시각이 바쁘게 면례를 하여야 하겠소."

함진해가 임 지관의 말에 어떻게 혹하던지 팥으로 메주를 쑨대도 꼭 곧이들을 만치 되어, 그 다음부터 임 지관더러 말을 하자면, 선생님 선생님하여 극공극경하기를 한층 더 심하더라.

(함) "선생님, 선생님께서 이같이 박복한 위인을 아시기가 불찰이시올시다. 아무쪼록 불쌍히 보셔서 화패나 다시 없을 자리를 지시하여 주옵소서."

(임) "글쎄요, 무엇을 하나요? 어떻든지 차차 봅시다."

(함) "이 도곡 안이 과히 좁지는 아니한데 혹 쓸 만한 자리가 없을까요? 좀 살펴보시면 어떨는지요."

(임) "이 도곡에 산지가 무엇이오? 벌써 다 보았소. 영감이 산리를 모르니까 그 말 하기도 쉬우나, 말을 들어보면 짐작이 나서리다. 대지는 용종요리락하여 여기횡전작성곽이라 하니, 큰 자리는 용이 장산 허리에서 뚝 떨어져서 남저지* 기운이 가로 둘러 성곽 모양이 된다

---

* 허화(虛華) 헛되고 실속 없이 겉으로만 화려함.
* 남저지 '나머지' 의 사투리.

하였거늘, 이 산 내맥을 볼짝시면 뇌두에 성신이 없고 본신에 향응이 없어 늘어진 덩굴도 같고, 죽은 지룡도 같으니, 이는 곳 천룡·직룡이라, 아무리 속안에는 쓸 만한 듯하여도 기실은 한 곳도 된 데가 없으니 그대 생각은 하지도 마시오."

(함) "그러면 우리 국내가 진위 땅에도 있습니다. 그리로나 가 보실까요?"

(임) "여기니 저기니 할 것 없소. 영감의 정성이 저러하시니 말이오마는, 내가 이왕에 한 자리 보아 둔 곳이 있는데, 웬만하면 아니 내어 놓자 하였더니……."

하며 그 다음 말은 아니하고 우물우물 흉증을 부리니, 남 보기에는 가장 천하 명당을 보아 두고 내어 놓기를 아까워 주저하는 것 같은지라, 함씨가 궁금증이 나서,

(함) "너무나 감격무지하오이다. 그 자리가 어디오니이까?"

(임) "차차 아시지요. 급하실 것 있소?"

함씨가 임 지관을 데리고 자기 집으로 돌아와 묏자리 일러주기만 바라고 날마다 정성을 드리는데 임 지관은 쿨쿨 낮잠만 자고 그대 수작이 일절 없더라. 이 때 노파는 무슨 통신을 하는지, 하루 몇 번씩 금방울의 집에 북 나들듯하고, 금방울은 무슨 계교를 꾸미는지 고향 땅에를 삼사 차 오르내리더라. 하루는,

(임) "영감, 산 구경 가십시다."

(함) "어디로 가시렵니까?"

(임) "어디든지 나 가자는 데로만 가십시다."

하며 곁의 사람 듣기 알맞을 만하게 혼자말로,

"가 보아야 좋기는 좋지마는 좀체 성력에 그런 자리를 써 볼까?"

함진해는 그 말은 넌짓 듣고 가장 못 들은 체하며 자기 속으로 독장수 셈치듯,

'임 지관이 칭찬을 저렇게 할 제는 대지가 분명한데 아마 산주가 있어, 투장* 외에는 할 수가 없는 것이거나 논둑·밭둑 같은 데 혈이 맺혀 범상한 눈에 대수롭지 않게 보이어서 성력이 조금 부족하면 쓰지 못하리라 하는 말인 듯하나, 내가 그만 성력은 있으니 성력 모자라 못 써 볼라구? 유주산이거든 돈을 주고 사 보고, 정 아니 팔면 투장인들 못 할 것 있으며, 논밭두렁 말고 물구덩이에다 장사를 지내라 해도 손톱만치도 서슴지 않고 써 볼 터이야.'

하며 임 지관의 시키는 대로 죽장망혜*에 가자는 대로 고양 땅을 다다르니, 여겨 보면 매부의 밥그릇이 높다고, 대지 명당이 이 근처에 있으려니 여겨 보니 산세도 별로 탈태*하여 뵈고 수세도 별로 명랑하여 임 지관의 눈치만 살피는데, 임 지관이 높직한 산상으로 올라가 펄쩍 주저앉으며,

"영감, 다리 아프지 아니하시오? 인제는 다 왔소. 이리 와 앉아 저것 좀 보시오."

함진해가 그 곁으로 다가앉으며,

"무엇을 보라고 하십니까?"

임 지관이 오른 손가락을 꼿꼿이 펴들고 가리키며,

(임) "저기 연기나는 데 보이지 아니합니까?"

(함) "네, 저 축동나무가 시퍼렇게 들어선 데 말씀이오니까?"

(임) "옳소, 그 동리 이름은 덕은리라 하는 대촌인데, 또 이편으로 보이는 산은 마둔리 뒷봉이오."

(함) "선생님께서 고양 지명을 어찌 그렇게 역력히 아십니까?"

(임) "우리 나라 심산 도중에 용세나 좋은 곳이면 내 발길 아니 들여

---

*투장(偸葬) 암장. 남몰래 장사를 지내는 것.
*죽장망혜(竹杖芒鞋) 대지팡이와 짚신. 먼 길을 떠날 때의 아주 간편한 차림새를 이르는 말.
*탈태 모양새가 일반에서 유별나게 뛰어남.

놓은 데가 없었소. 그러나 정혈에를 내려가 보았으면 좋겠소마는, 산주에게 의심을 받을 뿐더러, 대단한 강척이라 당장 모다기 매를 당하고 쫓겨갈 터이니 멀찍이서 보기나 하시오."

하며 이리저리 가리키며 입에 침이 없이 포장을 하는데, 그 자리에 면례 곧 하고 보면 당대 발복에 자손이 만당하여 금관자·옥관자가 삼태로 퍼부을 듯하더라.

(임) "이 산 형곡은 옥녀탄금형이니 당국은 옥녀체요, 안산은 거문고체라. 저기 보이는 봉은 장고사요, 여기 우뚝한 봉은 단소사요, 전후좌우는 금장격이며, 자좌오향에 신득진파이니 신자진삼 합격이요, 혈은 횡접와체에 포전이 매우 좋으니 자손이 대단히 번성할 터이오. 자, 더 보실 것 없이 이 자리에 선장 산소를 모셔 볼 경륜을 해 보시오."

(함) "어떻게 하면 그 자리를 얻어 쓰겠습니까? 선생님 지휘대로 하겠습니다."

(임) "영감이 하실 탓이지, 나는 별수 있소? 그러나 내가 연전에 이 산판을 보고 하도 욕심이 나서 산 임자가 누구인지는 탐문하여 보았소."

(함) "산주가 어디 사는 누구인가요?"

(임) "마둔리 윗동리 사는 최 생원 집이라는데, 대소가 수십 집이 모두 연장접옥*하여 자작일촌*으로 산다 하옵디다. 그런데 그 여러 집 사람들이 모두 불초하여, 남이 홀만히 볼 수 없으나 형세는 한 집도 조석 분명히 먹는 자가 없다 합디다."

(함) "가세가 그렇게 간구하면 산지를 팔라면 말을 들을까요?"

(임) "그 역시 나더러 물을 것 아니라, 오늘은 도로 가셨다가 내일 모레간 몸소 내려와 산주를 찾아보시고 간곡히 말씀을 해 보시오. 그 자리 하나만 사면 그 국내에 또 비봉귀소형 한 자리가 있으니, 그것

---

* **연장접옥(連墻接屋)** 담이 이어 있고 집이 이웃하여 서로 닿음.
* **자작일촌(自作一村)** 한집안끼리, 또는 뜻이 같은 사람끼리 모여 한 마을을 이룸.

도 마저 사서 왕장 산소를 면례해 보십시다."

그 산 안에 명당이 한 곳뿐 아니요, 또 한 곳이 있단 말을 듣고 함진해가 불 같은 욕심이 어떻게 치미는지, 산주가 팔기 곧 하면 자기 든 집 재 세산 재 먼 곳에 있는 외장까지 모두 주고 벌건 몸뚱이가 한데로 나앉더라도 기어이 사서 써 볼 생각이라.

평생에 오 리 밖을 걸어다녀 보지 못한 터에 평지도 아니고 등산까지 하여 가며 사오십 리를 왕환하였으니 다리도 아플 것이요, 피곤도 할 것인데, 그 이튿날 밝기를 기다려 시골서 귀물로 알 만한 물종을 갖가지로 장만해서 두어 바리 실리고 고양 길을 발행하는데, 임 지관이 무엇이라고 두어 마디 이르니까 함진해가 고개를 끄덕끄덕하며,

"옳소, 선생님 말씀이 옳소. 그렇게 해 보지요. 위선하여 하는 일에 무엇이 두려울 것 있소?"

하더니 하인을 시키어 공석 한 잎을 둘둘 말아 장독교 뒤채 위에 매달아 가지고 떠나가더라.

세상 사람 사는 것이 천태만상이라. 열 집이면 열 집이 다 다르고, 백 집이면 백 집이 다 달라서 잘살기로 말하여도 여러 백천 층이요, 못살기로 말해도 여러 백천 층이라. 잘사는 부자로 첫째되기도 극난하지마는, 못사는 빈호로 첫째 되기도 역시 드문 터인데, 고양 사는 옥여 최생원은 고양 안에는 고사 물론하고 대한 십삼도 안에 둘째 가라면 원통하다 할 만한 간난이라. 그 중에 누대 상전하여 오는 선영은 있어, 해마다 솔포기가 푸르스름하면 모조리 싹싹 깎아 팔아먹더니, 산이라 하는 것은 큰 나무가 들어서서 뿌리가 얽히지 아니하면 사태가 나며 토피가 으레 벗는 법이라.

다음부터는 풋나무짐씩 뜯어 생활하던 길도 없어지고 다만 돈백이라도 주고 뫼 한 장 쓰겠다면 유공불급하여 쉰네 쉰네 하여 가며 팔아먹는 터이나 그런 일이 어찌 날마다 있고 달마다 있으리오. 두수없이 꼭

굶어 죽게 되어 이웃집 도끼를 빌어 가지고 깎아 먹던 솔그루 썩은 고자등걸을 캐어 지고 서울로 갔다 팔기로 생애를 하느라고 금방울의 집에다 단골을 정하고 하루 걸러큼 다녀 매우 숙친한 까닭으로 저의 집 지내는 사정을 낱낱이 말하고 나무값 외에 쌀되·돈관을 얻어다 먹고 지내매, 금방울의 분부라면 거역치 못하는 법이, 칙령이라면 너무 과다하고 황송한 말이지마는, 본고을 지령만은 착실하더라. 하루는 나뭇짐을 지고 들어오니까, 요지선녀같이 쳐다보고 지내던 금방울이가 반색을 하여 반기며 안으로 잡담지하고 들어오라 하더니,

(금) "에그, 당신은 양반이시고 나는 여염 사람이지마는, 여러 해 친하여 숭허물 없는 터에 관계 있습니까? 우리 인제는 의남매를 정하십시다. 오빠, 전에는 체통을 보시느라고 설면히 굴으셨지마는, 어서 신발을 끄르고 방으로 들어오시오. 추우시기는 좀 하시겠소? 구시월 막새바람에 홑것을 그저 입고. 여보게 부엌어멈, 밥숭늉 좀 덥게 데우고, 새로 해 넣은 솜바지 좀 놓아 가져오게. 오빠, 편히 앉으셔서 어한 좀 하시오."

이 모양으로 예 없던 정이 물 퍼붓듯 쏟아지니, 최 생원이 웬 영문인지 알지를 못하고 쭈뼛쭈뼛하다가 간신히 입을 벌여,

(최) "나 같은 시골 사람더러 남매를 정하시자는 것도 황송한데, 무엇을 이렇게 차려 주십니까?"

금방울이 깔깔 웃으며,

(금) "에그, 오빠도 망녕이셔라. 손아래 누이더러 황송이 다 무엇이고, 존대가 다 무엇이야요? 인제는 허소를 하십시오."

(최) "허소는 차차 하면 못 합니까? 누이님이 이처럼 하시니 내 마음은 어떻다 할 길 없소."

(금) "생애에 바쁘신데 어서 내려가시오. 내일쯤 오빠 사시는 구경도 할 겸, 언니 상회례도 할 겸 내가 내려가겠습니다."

(최) "누이님께서 오실 수가 있습니까? 우리 마누라를 데리고 올라 오지요."

(금) "아우 되어 내가 먼저 가 뵈어야 도리상에 당연하지요. 걱정 말고 내려가시오."

하며 나무값 외에 돈 몇백 냥을 집어 주며,

"이것 변변치 않으니, 신발이나 한 켤레 사다가 우리 언니 드리시오."

최 생원이 재삼 사양하다가 마지못하여 받아 가지고 나오다가 선혜 창장에 들어가, 쌀도 좀 팔고 반찬거리도 약간 장만하여 가지고 자기 집으로 내려와 일변 집안을 정히 쓸고 지직잎 방석낱을 이웃집에 가 얻어다 깔고, 자기 아낙더러, 새둥우리 같은 머리도 가리어 쓰다듬고 보병 것이나마 부유스름하게 새것을 갈아입으라 한 후 계란낱·닭마리를 삶고 끓여 놓고 눈이 감도록 고대하더니, 거무하에(얼마 안 되어) 유사 사인교 한 채가 떠들어오며 금방울이 나오더니 최 생원과 인사를 한 후 최 생원의 마누라를 가리키며,

(금) "오빠, 이 어른이 우리 언니시오? 처음 뵈오니까 누구신지 몰라 뵈었습니다."

하고 날아갈 듯이 절을 하며 교군꾼을 부르더니 피륙낱 담배근을 주엄주엄 내어다가 앞에다 놓으며,

"모처럼 오며 빈손 들고 오기가 섭섭해서 변변치 아니하나마 정이나 표하자고 가져왔습니다. 언니……."

최 생원의 아낙은 본래 촌 생장으로 금방울을 보니 요지에서 선녀가 내려온 듯싶어 정신이 휘둥그런 중 석새베 입던 옷에 고운 필목을 보고 순뜨지 먹던 입에 지네발 같은 서초를 보니 입이 저절로 벌어져서, 자기딴은 인사 대답을 썩 도저히 한다는 것이 귀동대동 구석이 어울리지 아니하게 지껄이건마는 금방울은 모두 쓸어 덮고 없는 정이 있는 듯이 수문수답을 하다가 최 생원을 돌아보며,

"오빠, 시골 구경을 별로 못 했더니 서울처럼 갑갑하지 아니하고 시원해서 좋소. 동산에나 올라가 구경 좀 합시다."

(최) "봄과 달라 꽃 한 가지 없고 구경하실 것이 무엇 있나요? 아무려나, 찬찬히 가 보십시다. 그렇지만 누이님같이 가만히 들어앉으셨던 터에 다리가 아프셔서 댕기시겠습니까?"

(금) "가 보아서 다리가 아프면 도로 내려오지. 누가 삯받고 가는 길이오?"

하며 최 생원은 앞에 서고, 마누라와 금방울이 뒤에 따라 뒷동산으로 올라가는데 최 생원 내외의 생각에는,

'서울서 꼭 갇혀 들어앉았다가 여북 갑갑하여 저리 할라구? 경치는 별로 없지마는 바람이나 시원히 쏘이게 김 판서 댁 묘소로, 이 과장 집 산소로 골고루 구경을 시키리라.'

하고, 금방울의 생각에는,

'최가의 국내가 얼마나 되노? 이놈을 잘 삶아 함진해에게 팔게 하였으면 저도 돈 천이나 착실히 얻어먹고 우리도 전 만이나 툭툭히 갖다 쓰겠다.'

하며 이 고동이 저 고동이 구경하다가,

(금) "오빠, 댁 국내는 어디요? 아마 매우 넓지, 해마다 나무 베어다 파시는 것을 짐작하건대."

(최) "얼마 되지 못합니다. 우리 집 뒤에서부터 저기 보이는 사태가 허연 고동이까지 올시다."

(금) "에그, 산이나마 넉넉히 있어 나무 장사라도 하시는 줄 여겼구료. 얼마 되지도 못하고 그나마 토피가 모두 벗어 나무인들 어디 있소? 그까짓 것 두시면 무엇을 하오? 뉘게 돈 천이나 받고 팔아 말바리나 사매고 삯이나 팔아먹지."

(최) "뫼장 쓸 만한 곳은 이왕 다 팔아먹고 지금 남저지는 애총하나

묻을 만한 곳이 없으니 누가 사야 하지요."

(금) "그 걱정은 말고 내려갑시다. 내 좋은 회책을 하여 볼 터이니."

(최) "아무려나, 누이님 덕택만 바랍니다."

금방울이 최 생원 집으로 내려와 무엇이라고 쥐도 못 듣게 수군대더니 그 길로 떠나 올라간 뒤로, 최 생원이 축일 금방울의 집에를 드나들고, 금방울도 수삼차를 최 생원의 집에 다녀가더니, 최 생원이 자기 마누라도 모르게 정밤중이면 뒷동산에 슬며시 다녀 내려오더라.

하루는 동리 집 개들이 법석으로 짖으며 최 생원 집에 이상스러운 일이 났으니, 향곡 풍속에 말탄 사람 하나만 지나가도 남녀노소가 너나없이 나서서 구경을 하는 법이어늘, 하물며 이 집에는 난데없는 행차 하나이 기구있게 들어오더니, 사립문 앞에다 공석을 깔고 금옥탕 창한 점잖은 양반이 엎드려 대죄를 하니, 보는 사람마다 곡절을 모르고 눈들이 둥그래서 쑥덕공론이 분분한데, 최 생원이 먼지가 케케 앉은 관을 툭툭 털어 쓰고 나오며,

(최) "이거, 웬 양반이 남의 집 문앞에 와서 이 모양을 하시오? 이 양반 뉘 집을 찾아왔소?"

그 사람이 머리를 땅에 조으며,

"네, 댁에를 왔습니다. 이놈은 천지간에 죄가 많은 놈이라, 하해 같은 덕을 입어 그 죄를 면하고자 이처럼 석고대죄를 합니다."

최 생원이 허허 웃으며,

(최) "이 양반아, 댁 죄는 무슨 죄며 내 덕은 무슨 덕이란 말이오? 암만 해도 댁에서 병풍상성을 하였나 보오. 대관절 댁이 누구시오?"

(함) "네, 서울 다동 사는 함일덕이올시다."

(최) "네, 그러하시오? 나는 성은 최가고, 자는 옥여요. 무슨 일로 찾아계십더니이까?"

(함) "네, 다름이 아니라, 친산을 잘못 쓰고 화패가 비상하와서 장풍

향양하여 백골이나 평안한 곳을 얻어 쓸까 합니다."

(최) "댁이 댁 산소 면례하기를 생면부지 모르는 나를 보고 이러할 일이 무엇이오, 그 아니 이상한가?"

(함) "이렇게 댁에 와서 대죄하는 것은 당신 말씀 한 마디만 듣기를 바랍니다."

(최) "내게 들을 말이 무슨 말이오? 나를 도선이나 무학이 같은 지관으로 아시오? 여보, 나는 본래 낫 놓고 기역자도 모르는 무식쟁이라 답산가 한 구절 외우지 못하오. 여보, 댁이 잘못 찾아 계신가 보오."

(함) "아무리 미거하기로 잘못 찾아뵈옵고 말씀할 리가 있습니까? 다름이 아니라 댁 선영 국내 안에……."

그 다음 말이 다 나오기 전에 최 생원이 눈이 씰룩하여지고 콧방울이 벌룽벌룽하며 부썩 도실러앉더니,

(최) "그래서요, 어서 말하시오."

(함) "일석지지만 빌려 주시면 친산을 면례하고 동산소하여 지내겠습니다."

최 생원이 벌떡 일어서며 주먹을 도실러 쥐고 꿩 채려는 보라매 눈같이 함진해를 노려보며,

"허, 이놈, 별놈 났다! 내가 이 모양으로 구차히 사니까 얼만큼 넘보고 와서, 무엇이 어쩌고 어찌해? 묏자리를 빌려 동산소를 해? 이 따위 놈은 당장에 두 다리를 몽창 분질러 놓아야 이까짓 행위를 못하지."

하더니 울장 한 가지를 보기 좋게 뚝딱 꺾어 들고 서슬 있게 달려드니, 함진해의 하인들이 당장 보기에 저희 상전에게 화색이 박두한지라, 제각기 대들어 최 생원의 매 든 팔을 붙들다가 다갱이도 터지고, 함진해를 가려서다가 엉덩이도 쥐어질리니 분한 생각대로 하면 동나뭇단 같은 최 생원 하나야 발길 몇 번이면 저승 구경을 당장에 시키겠지마는, 상전의 낯을 보아 차마 못 하고,

"생원님 생원님, 너무 진노하지 마십시오. 산소 자리를 아니 드리면 고만이지, 이처럼 하실 것 있습니까?"

최 생원이 하인의 말대답은 하지도 아니하고 함진해만 벼른다.

"오, 이놈. 기구도 좋은 놈이니까, 하인놈들을 성군작당*하여 데리고 와서, 나같이 잔약한 사람을 업수이 여기는구나. 이놈, 너 한 놈 때려 죽이고 나 죽었으면 고만이다."

하고 울장 가지를 함부로 내두르는 바람에 사인교는 진가루가 되고, 말리러 덤비던 하인들은 오강 편싸움에 태곰보 들어온 모양으로 분주히 쫓겨 도망을 하는데, 부지중에 함진해도 당장 화색이 박두하니까 쫓겨 나왔더라.

매맞은 하인들이 분함을 서로 이기지 못하여 구석구석 욕설이 나온다.

"재미를 할거, 팔자가 사나우니까 별 작자의 매를 다 맞아 보았구. 그 자가 명색이 무엇이야? 다갱이에 넉가래집 같은 관을 뒤집어쓰고, 형조사령이 지나갔나? 매질을 함부로 하게. 우리 댁 영감 낯을 보니까 참고 참아 쫓겨왔지그려. 그까짓 위인을 내 발길로 보기 좋게 한 번만 복장을 질렀으면 개구리새끼 나가 자빠지듯 할 것이, 가만히 내버려 두니까 제 세상만 여겨서 눈에 뵈는 게 없나 본데."

"여보게, 가만 내버려 두게. 아래위를 훑어보니까, 그자가 꼴 보니 나무 장사로 생애하는 위인인데, 이번에는 영감을 뫼셨으니까 하릴없이 참고 들어가지마는, 아무 때든지 문안서 한 번만 우리 눈에 걸리라게. 당장에 할아버지를 부르게 주릿대를 메워 놓을 것이니."

한참 이 모양으로 지저귀는 것을 함진해가 듣고 그 중에도 행여나 최 생원을 건드려 자기 경륜을 와해되게 할까 겁이 나서 하인을 꾸짖기도 하고 달래기도 한다.

---

* 성군작당(成群作黨) 무리를 지어.

"이놈들, 그것이 무슨 소리니? 너희들이 그 양반을 함부로 대접하고 보면 내 손에 죽고 남지 못하리라. 그 양반이 시골 살아 촌스러워 보이니까 너희들이 넘보고 그러나 보구나. 이놈들아, 그 양반 대접하는 것이 곧 나를 대접하는 일체인데, 무엇을 어쩌고 어찌해? 상놈이 양반의 매 좀 맞은 것이 그리 원통하냐? 그 매는 너희를 때린 매가 아니요, 즉 나를 때린 것인데, 나는 아무 말도 못하는 것을 번연히 보며 함부로 떠드느냐? 다시 이놈들 무엇이라고 했다가는 한매에 죽으리라!"

이 모양으로 천둥같이 을러 데리고 서울로 올라와 임 지관더러 소경력 풍파를 일일이 이야기한 후 주사야탁으로 성화만 하더니, 며칠 아니 되어 어떠한 의표도 선명하고 위인도 진걸한 듯한 사람 하나이 찾아들어와 함진해를 보고 인사를 통한다.

"주인장이 누구시오니이까?"

함진해가 아무리 살펴보아도 한 번도 본 적이 없는 사람이라.

(함) "네, 내가 주인이요, 웬 양반이신데 무슨 사로 찾아 계시오?"

(그 사람) "네, 나는 고양 읍내 사는 강 서방이올시다. 다름 아니라 댁에 임 생원이라 하시는 양반이 오셔서 유하십니까?"

(함) "네, 그 양반이 계시지요. 어찌하여 찾으시오? 그 양반은 본래 친하시던가요?"

(강) "매우 친좁게 지냅니다."

(함) "그러면 거기 좀 앉아 기다리시오."

하고 한달음에 안잠 마누라 집으로 가서 임 지관더러 그 말을 전하니, 임씨가 입맛을 쩍쩍 다시며 괴탄을 무수히 한다.

"응, 긴치 아니한 사람, 또 무엇 하러 여기까지 찾아왔노? 내 행색을 일껏 감추려 하여도 필경은 소문이 또 났으니 여기도 오래 있지 못하겠구."

함진해를 건너다 보며,

(임) "영감 댁 일은 잘될 듯하오. 지금 온 그 사람이 고양 일읍에서는 권도가 매우 좋아서 그만 주선은 할 만합니다. 기왕 온 사람을 어쩔 수 있소? 이리로 부르시오."

(함) "네, 그리하오리다. 선생님이 말씀을 하시니 말이지, 나는 천산 민례할 일로 어찌 속이 타는지 밤이면 잠을 잘 못 잡니다. 그 사람이 기위 권도가 매우 있다 하오니, 이 말씀 아니기로 어련하실 바는 아니시나, 아무쪼록 되도록 부탁을 하여 주십시오. 산지 값은 얼마를 주든지 다과를 교계치 아니합니다."

(임) "어디 봅시다. 그러나 이런 일을 데면데면히 하다가는 또 이번에 영감이 다녀오신 모양같이 될 것이니 단단히 하시오."

(함) "내가 아무리 단단히 하고 싶으나 될 수가 있습니까? 선생님께서 하실 탓이지."

(임) "내야 영감 일에 범연하겠소마는 내 부탁 다르고 영감의 간청 다르지 아니하오? 그 사람도 내 손에 친산*을 얻어 쓰고 우연히 없던 아들을 낳은 후로 자기딴은 감사히 여겨 저 모양으로 찾아오는 터이니까 영감의 사정 말을 부탁 곧 하게 되면 자기 힘 자라는 대로는 하겠으나, 매양 그런 일을 하자면 빈손 들고는 도저히 아니 될 것이니, 그 사람이 가세가 매우 긴구*하여 일 주선하기가 역시 곤란하리라. 어떻든지 나는 힘껏 할 것이니, 영감이 그 다음 일은 알아서 처치하시오."

(함) "그는 염려 마십시오. 제 일 제가 하려면 무엇을 아끼겠습니까?"
하며 나아가더니 강씨를 인도하여 데리고 오는데, 처음에는 그렇게 설만히 수작을 하더니, 별안간 한없이 공근하고 관곡*한지라, 강씨가 뒤

* 친산(親山) 부모의 산소.
* 긴구 빈한하고 구차함.
* 관곡(款曲) 매우 정답고 친절함.

를 따라오며 혼자말로,

　'옳지, 인제는 네가 착실히 낚시에 걸렸다. 농익은 연감 모양같이 홀쭉하도록 빨려 보아라. 대체 우리 아주머니 모계는 초한때 진평이만은 착실한걸. 국과 장이 맞느라고 임 지관은 어디서 그리 마침 생겼던고?'

하고 그대 사색을 싹도 보이지 아니하고 천연스럽게 따라 들어오더니 임 지관 앞에 가 절을 코가 깨어지게 한번 하고 곁으로 비켜서 공손히 꿇어앉으며,

　(강) "그 동안 기체 어떠하시오니까?"

　(임) "허어, 자네인가? 예를 어찌 알고 찾아왔노? 그래, 댁내가 평안하시고 자제도 잘 자라나? 아마 컸을걸."

　(강) "올해 다섯 살이올시다. 그놈이 기질도 튼튼하고 외양도 똑똑하여 남의 열 자식 불지 아니합니다. 그놈을 볼 때마다 임 생원장 덕택은 머리를 베어 신을 삼아도 못 갚겠다고 저희 내외가 말씀을 합니다."

　(임) "실없는 사람이로세. 자네 댁 복력으로 그런 자손을 두었지, 내 덕이 다 무엇인가? 설혹 자네 말같이 면례를 잘하고 자손을 낳았다 한대도 여기 자네 댁 복력으로 내 말을 곧이들었지. 내 아무리 가르치기로 자네가 믿지 아니하면 되겠나, 허허허…… 여보게, 지나간 일은 쓸데없이 말할 것이 없네. 그러지 아니하여도 내가 자네를 좀 보면 하였더니 다행하게 마침 잘 왔네."

강씨가 생시치미를 뚝 떼고,

　(강) "왜 무슨 부탁하실 말씀이 계십니까? 세상 없는 일이기로 임 생원장께서 하시는 말씀이야 봉행치 아니하겠습니까?"

　(임) "자네 덕은리 근처 사는 최 서방들과 친분이 있나?"

　(강) "네, 그 근처에 최씨들이 여러 집인데 한 고을에 사는 고로 모두 면분은 있지마는, 그 최씨의 종손 되는 옥여 최 서방과는 못 할 말을

다할 만치 친숙히 지냅니다."

(임) "옳지, 내가 말하는 사람이 즉, 옥여 최 서방일세. 여보게, 이 주인장이 형세도 남불지 아니하고, 공명도 할 만치 하였건마는, 자네 댁 일과 같이 흉지에 친산을 쓰고 독한 참척을 여러 번 보아 슬하에 자제가 없을 뿐더러, 우환이 개일 날이 없어, 아무것도 모르는 나를 이같이 조르시네그려. 차마 괄시할 수 없어, 큰 화패는 없을 듯한지라, 한 곳을 보아 드렸는데, 즉 최옥여의 국내 안일세. 자네도 동병상련이 아니라 할 수 없으니 주인장 말씀을 들어 보아 힘을 다하여 주선 좀 해 드리게."

(함) "내 일 되고 아니 되기는 노형 주선에 달렸습니다."

(강) "천만의 말씀이오. 일의 성불성은 모르겠습니다마는 저 어른 부탁도 계시고 어련하겠습니까? 그러나 그 사람의 성미가 너무 끌끌하고 고집이 있어 섣불리 개구*를 했다가는 뺨이나 실컷 맞고 돌아설 터이니 웬만하시거든 파의*를 하시고 다른 곳을 구해 보시는 것이 좋을 듯하오이다."

(함) "그 사람 성미는 나도 대강 짐작합니다마는 불고 염치하고 이처럼 말씀을 하오니 아무리 어려우셔도 힘써 주시오. 산 값은 얼마를 달라 하든지 교계할 것 없소. 여북하여 선영을 파는데, 후한 편으로 하는 것이 옳지 않소? 노형만 하셔도 예서 고양 가는 길에 아무리 철로는 있지마는 가깝지 아니한 터에 여러 번 오르내리실 터이요, 그리노라면 하루 이틀 아니될 터인데 댁 가사도 낭패가 적잖이 되실지라, 우선 돈 천이나 드릴 것이니 내왕 노자도 하시고 쌀섬이나 댁에 두시고 내 일을 전심하여 좀 보아 주시오."

함진해가 그같이 말하면서 지폐 한 뭉치를 내어 주니 강씨가 재삼 사

---

* 개구(開口) 들어
* 파의(罷議) 의논을 그만두는 것.

양하며,

(장) "별말씀을 다 하십니다. 돈이 다 무엇이야요? 아직 될는지도 모릅니다마는, 그만 일을 보아 드리기가 무엇이 힘이 든다고 이처럼 말씀하십니까?"

하며 받지를 아니하니, 임 지관이 가장 사리대로 말하는 체하고,

(임) "여보게, 고집 말고 받아 넣게. 주인장이 정으로 주시는 것을 아니 받아 쓰겠나? 어서 받아 가지고 내려가 일 주선이나 잘해 보게."

강씨가 말에 못이기는 체하고 집어넣더니 그 길로 떠나갔다가 수삼일 후에 다시 오더니,

"바람에 돌 붙여 보도 못 할러라. 삶은 호박에 이도 아니 들러라."

하여 함씨의 마음을 불단 가마에 엿 졸이듯 바작바작 졸인 후에 몇 차례를 왔다 갔다 하며 애를 쓰는 모양을 보이더니, 한 번은 올라와서 태산이나 져다 주는 듯이 덕색을 더럭 내며,

"에구, 어렵기도 어렵다. 이렇게 힘들 줄이야 누가 알아? 영감, 어서 면례하실 택일이나 하시오. 이번에야 최 서방의 허락을 받았소. 허락은 받았지만 한 가지가 내 소료*보다는 대상부동*한 것이오."

(함) "불안하오, 내 일로 해서 너무 고생을 하셔서. 그런데 산주의 응락을 받으셨다며 무엇이 소료에 틀린다 하시오?"

(강) "다른 것이 아니라 산 값을 엄청나게 달라 하니, 나는 기가 막혀 선뜻 대답을 못 하고 왔습니다."

(함) "얼마나 달라길래 그러하시오?"

(강) "그 사람 말이 그 자리가 자래로 유명하여 팔라 조르는 사람이 비일비재인데 십오만 냥까지 주마 하는 것을 팔지 아니하였거니와, 자네가 괄시할 수 없는 터에 이처럼 한즉 그 값이면 팔겠다 하니, 나

---

* 소료(所料) 생각하여 헤아린 바.
* 대상부동(大相不同) 조금도 같지 않고 아주 다름.

도 아다시피 다른 사람이 주마는 값을 감하여 말할 수 없고, 영감 의향을 아지 못하여 말씀을 듣고자 왔습니다."

(함) "걱정 마시오. 내 형세가 전만은 못하지마는, 십오만 냥쯤이야 주선 못 하겠소? 어서 그대로 약조를 하시고 이 다음 파수에 돈을 치르게 하시오."

하고 십오만 냥 어음을 써서 주니, 강씨가 받아 척척 접어 염낭에 넣고 가더니 그 이튿날 산주의 약조서를 받아왔더라.

함진해가 면례 택일을 임 지관더러 보아 달라 하여 일변으로 구산을 돋우며, 일변으로 신산을 작광*하는데, 역꾼들이 별안간에 괭이 가래를 집어던지고 좍 돌아서서, 이상하니, 야릇하니, 처음 보았느니, 알 수 없는 것이니, 뒤떠들더니 광중 속에서 난데없는 돌함 하나를 얻어내었는데, 함진해가 정구한 처소에서 조상식을 지내다가 그 소문을 듣고 상식상을 물릴 여부 없이 한달음에 올라가 돌함을 구경한즉 크기가 단천 담배 서랍만한데 뚜에를 무쇠물로 끓여 부어 단단히 봉하였는지라. 강철 끌 몇 채를 가져오라 하여 이에를 조아내고 열어 보니 홍공단 한 조각에 금으로 글씨를 썼으되 전면에는,

'옥녀탄금형 십대장상에 백자천손지지 함씨 입장.'

후면에는,

'모년 모월 모일 옥룡자소점.'

이라 하였거늘 그 날 회장하러 온 사람이라, 구경하러 온 사람이라, 역꾼과 집안 하인 병하여 근 백 명이 한 마디씩이라도 다 떠들며 참대지니, 과연 명당이니 하는데, 함진해는 어떻게 좋던지 돌함을 품에 품고 임 지관 앞에 가서 백 번 천 번 절을 하며,

(함) "선생님 덕택에 과연 명혈을 얻었습니다. 선생님은 참 신안이올

---

* 작광(作壙) 땅을 파내어 무덤을 만드는 것.

시다. 이 비기 좀 보십시오."

임 지관이 비기를 받아 우두커니 보다가 픽 웃으며,

(임) "그것이 그다지 희한하시오? 나는 별로 아는 것도 없이 맹자직 문으로 우중한 일이지만, 영감 댁 복력이 거룩하여 몇 백 년 전에 옥 룡자가 벌써 비결까지 묻었으니, 나 아니기로 댁에서 쓰지 못할 리가 있소? 아무려나, 영감 댁 복력이 대단하시오. 이왕 명혈을 쓰신 끝에 선왕장 산소를 마저 면례하시오."

(함) "그다 뿐이오니이까? 향일에 말씀하시던 비봉귀소형을 마저 가 르쳐 주시기를 바랍니다."

이와같이 정성을 들여 가며 간곡히 물어, 강씨를 사이에 또 놓고 몇 십만 냥을 주고 샀던지, 급급히 택일을 하여 면례 한장을 마저 한 뒤에, 임 지관이 노출이 되어 오래 유련*하지 못하겠다 하고 굳이 말려도 듣 지 아니하고 떠나가는지라. 수로금* 몇 만금을 경보로 내어놓으니 임 지관이 가장 청렴한 체하고 무수히 퇴각하다가 마지못하여 받는 모양 으로 짐에 넣더니, 배행하러 보내는 하인을 도로 쫓고 정처와 거주를 물어도 대답이 없이 표연히 가더라.

함진해가 그 후로는 부인의 병세도 차차 낫고, 귀동자를 올 아니면 내년에는 낳을 줄로 태산같이 믿고 기다리더니, 공든 탑이 무너지고, 믿는 나무에 곰이 핀다고, 부인의 병은 더욱 별증이 생겨, 한 다리 한 팔 못 쓰는 반신불수가 되어 말하는 송장이 되었고, 그 고생을 다 하느 라니 함진해는 나이 융로*한 터는 아니나 근력범걸이 칠십 노인이나 다 름없이 되었는데, 저 강도와 아귀보다 더한 요악간휼한* 금방울이 그 모양으로 속여 먹고도 오히려 부족하던지 한 가지 흉계를 더 부려서 근

---

* 유련(留連) 객지에 묵고 있는 것.
* 수로금(酬勞金) 수고나 공로에 대하여 보답하기 위하여 주는 돈.
* 융로(隆老) 칠팔십 세 이상 되는 노인.
* 요악간휼(妖惡奸譎)하다 요사스럽고 간악하고 음흉하다.

력 없는 함진해가 수각이 황망한 지경을 당하였더라.

하루는 어떠한 자가 불문곡직하고 주인을 찾으러 들어오더니 시비를 내어 놓으니, 이는 다른 사단이 아니라, 그자이 고양 최씨의 도종손이라 자칭하고 산송을 일으키려는 것이라. 최가의 위인도 똑똑하고 구변도 썩 좋아 함진해는 한 마디쯤 말을 하면, 최가는 열 마디씩 쥐어박아 말을 한다.

(최) "여보, 댁에서는 세력도 좋고, 형세도 부자니까 잔핍한 사람을 업수이 여기고 남의 누대 분묘 내룡견갑 좌립구견지지에 호기있게 뫼를 썼나 보오마는, 그 지경을 당한 사람도 오장육부가 다 있소."

(함) "여보, 댁이 누구시오? 나도 천금 같은 돈을 주고 산주에게 사서 썼소."

(최) "산주, 산주, 산주가 누구란 말이오?"

(함) "네, 고양 최씨의 종손 되는 옥여 최 서방에게 샀소. 댁이 무슨 상관으로 이리 하시오."

(최) "우리 최가에 옥여라고는 당초에 없을 뿐 아니라, 산하에 사는 일가들은 모두 우리 집 지파요, 수십 대 봉사하는 종손은 나의 집인데 십여 년 전에 호중으로 낙향하였다가 금년에야 비로소 성묘를 온 터이오. 댁에서 사지 말고 세상없는 일을 했더라도 당장 파내고야 배기리다. 댁에서 아니 파면 내 손으로라도 파굴리고 말 터이니 알아 하시오."

하고 최씨 집 내력과 파계를 역력히 말하며 독서슬같이 으르는 바람에 함진해가 겁이 더럭 나서 좋은 말로 어루만지며 뒷손으로 사람을 급히 보내어 옥여를 찾으니, 벌써 솔가 도주하여 영향도 없는지라, 법은 멀고 주먹은 가깝다고, 정소를 하든지 재판을 하기는 이 다음 일이요, 당장 친산에 사굴을 당할 터이니까 생각다 못하여 하릴없이 산값을 재징으로 물어주더라. 상말로, 파리한 개 무엇 비고 무엇 비니 남는 것이 아무엇도 없는 일체로 피해 가는 세간을 이리 빼앗기고 저리 빼앗기고 나니, 남는 것이라고는 새앙쥐 볼가심할 것도 없게 되어, 그렇지 아니하고 먹고 입고 지내던 함진해가 삼순구식을 못 면하고 누대 제사에 궐향을 번번이 하니, 타성들이 듣고 보아도 그 집안 그 지경된 것을 가이없으니, 그래 싸니, 다만 한 마디씩이라도 흉볼 겸, 걱정할 겸 하거든, 하물며 원근족 함씨의 종중에서야 수십 대 종가가 결단이 났으니 어찌 남의 일 보듯 하고 있으리오. 팔도 함씨 대종회를 열고 관자수대로 모여드는데, 이 때 함일청이는 그 사촌의 집에 일절 발을 끊어 다시 현영을 아니하고 다만 치산을 알뜰히 하여 행세도 점점 나아지고, 아들 삼형제를 열심으로 가르쳐 남부러워 아니하고 지내는 터이나, 다만 마음에 계련되어 잊히지 못하는 바는 경성 큰집 일이라. 자기는 아니 갈 법해도 서울 인편 곧 있으면 종종 소식을 탐지한즉, 듣는 말이 다 한심하고 기막힌 일뿐이러니, 하루는 종회하는 통문이 서울에서 내려왔는지라, 곰곰 생각한즉,

　'아무리 사촌이라도 타인보다도 더 미워 다시 대면을 말자 작정을 하였지마는, 팔도 일가가 모두 종회를 하는데 내 도리어 아니 가 볼 수 없다.'

하고 그 길로 떠나, 성중을 들어서서 다방골 모퉁이를 돌아드니 해포 그리던 사촌을 만날 터인즉 얼마쯤 반가운 마음이 날 터인데, 반갑기는 고사하고 눈물만 절로 나니, 그 사정을 모르는 사람 보기에는 심상히 여기겠으나 이 사람의 중심에는 여러 가지 철천지한이 가득하더라.

　'저기 보이는 집이 우리 사촌의 집이 아닌가? 어쩌면 저 모양으로 동퇴서락이 되었노? 우리 큰아버지 당년이 엊그제 같은데, 그 때는 저 집이 분벽사창이 영롱하던, 다동바닥에 제일 갑제러니! 집이 저 지경이 되었을 제야 그 집안 범절이야 더구나 오죽할까? 에그, 우리 조부께서 머나먼 북경을 문턱 드나들 듯하시며 알뜰살뜰 모으신 세간을

그 형님이 장가 한 번을 잘못 들더니 걷잡을 새 없이 저 모양으로 망하였지. 집안에 가까이 댕기던 정직한 사람은 모두 거절을 하고, 천하의 교악망측한 연놈들만 집에다 붙이어 억지로 결단이 나도록 심장을 두었으니 무슨 별수로 저 모양이 아니될고. 안잠 하인년이 그저 있는지, 제일 그년 보기 싫어 어찌 들어가노? 에라, 이탓 저탓해 무엇 하리! 대관절 우리 형님이 글러 그렇게 되었지.'

하며 손수건을 내어 눈물 흔적을 씻고 대문을 들어서니 문 위에 엄나무 가시와 좌우 주초 앞에 황토가 여전히 있는지라. 그같이 비창하던 마음이 졸지에 변하여 눈에서 쌍심지가 올라오며 가슴에서 불덩어리가 벌컥벌컥 올라온다.

'이왕 결단난 집안을 어찌할 수는 없지만 이 모양으로 흥와조산을 하는 연놈을 깡그리 대매에 때려죽여 분풀이나 실컷 하겠다. 오, 어떤 연놈이든지 걸려만 들어 보아라. 내 손에 못 배기리라.'

하며 사랑 앞에를 썩 들어서니, 대부·족장·형제·조카·손항 되는 여러 일가 사람들이 가득 모여 앉았다가 분분히 인사를 하는데, 정작 자기 사촌은 볼 수가 없는지라, 마음에 당황하여 좌우를 돌아보고,

"여보, 우리 형님은 어디 가셨길래 아니 계시오?"

그 중 항렬 높은 자이 일청을 불러 앞에 세우고 준절히 꾸짖는다.

"네가 그 말하기가 부끄럽지 아니하냐? 네 사촌이 아무리 지각없이 집안을 결단내기로 너는 그만 지각이 있는 사람이 종형제간에 절적을 하고, 조상의 제사 참사까지 몇 해를 아니하다가, 우리가 이 모양으로 종회를 하니까 그제야 올라와서 무엇이 어쩌고 어찌해? 우리 형님이 어디로 가셨어? 주축이 일반이다. 집안이 그 모양으로 불목하고 무슨 일이 되겠느냐?"

그 곁에 앉았던 노인 하나이 분연히 나앉으며,

"여보 형님, 그 말씀 마시오. 그 사람이 무슨 잘못한 일이 있다고 그

리하시오? 이것저것이 모두 진해의 잘못이지. 저 사람은 저할 도리를 다했습니다."

먼저 말하던 노인이 징을 내며,

"자제는 무엇을 가지고 저 사람의 과실이 없다 하뇨?"

(곁에 앉았던 노인) "형님, 그렇게 말씀하시기도 용혹무괴하오마는, 내 말씀을 자세 듣고 무정지책을 너무 말으시오."

하며 소년 일가 하나를 부르더니, 편지 한 뭉치를 가져다가 조좌 중에 내어놓고 축조하여 설명을 하는데 그 편지는 별 사람의 편지가 아니라, 함일청이 그 종씨의 하는 일마다 소문을 듣고 깨닫도록 인편 곧 있으면 변명을 하여 간곡히 한 편지라. 그 어리석고 미련한 함진해는 그럴수록 자기 사촌을 돈목히 여기지 아니하고 그 편지 올 적마다 큰집이 아니 되도록 훼방을 하거니 여겨 원수치부를 한층씩 더 하던 것이라. 그 편지의 연월을 맞춰 차례차례 보아 내려가는데 자자마다 간절하고 구구마다 곡진하여 목석이라도 감동할 만하니 최초에 한 편지 사연에 하였으되,

'무릇 나라의 진보가 되지 못함은 풍속이 미혹함에 생기나니, 슬프다! 우리 황인종의 지혜도 백인종만 못지 아니하거늘, 어쩌다 오늘날 이같이 조잔멸망 지경에 이르렀나뇨? 반드시 연고가 있을지니라. 우리 동양으로 말하면 당우 이래로 하늘을 공경하며 귀신에게 제 지냄은 불과 일시에 백성의 뜻을 단속키 위함이러니, 요괴한 선비들이 오행의 의론을 창설하여 길흉화복을 스스로 부른다 하므로, 재앙과 상서의 허탄한 말이 대치하여 점점 심할수록 요악한 말을 주작한지라. 일로조차 천지 귀신이 주고 빼앗으며, 죽고 사는 권리를 실상으로 조종하여 순히 하면 길하고, 거스르면 흉한 줄로 미혹하여 이에 밝음을 버리고 어둠을 구하며, 사람을 내어 놓고 귀신을 위하여 무녀와 판수가 능히 재앙을 사라지게 하고 복을 맞아오는 줄 여겨, 한 사람, 두

사람으로부터 거세가 본받아, 적게 한 집만 멸망할 뿐 아니라, 크게 나라까지 쇠약케 하나니, 이는 곧 억만 명 황인종의 금일 참혹한 형상을 당한 소이연이니다. 엎드려 바라건대, 형장은 무식한 자의 미혹하는 상태를 거울하사, 간악·요괴한 무리를 일절 물리치시고, 서양 사람의 실지를 밟아 일절 귀신 등의 요괴한 말을 한 비에 쓸어 버려, 하늘도 가히 측량하며, 바다도 가히 건너며, 산도 가히 뚫으며, 만물도 가히 알며, 백사도 가히 지을 마음을 두시면, 비단 형장의 한 댁만 부지하실 뿐 아니라, 나라도 가히 강케 하며, 동포도 가히 보존하리이다.'

그 다음에 보낸 편지에 또 하였으되,

'슬프다, 형장이시여! 형장의 처지를 생각하시옵소서. 형장은 우리 일문 중 십여 대 종손이시니 큰집의 동량이나 일반이라. 그 동량이 썩어지면 큰집이 무너짐은 면치 못할 사세라. 형장의 미혹하심은 전일에 올린 바 글에 누누이 말씀하였으되 다시 논란할 바 없거니와, 날로 들리는 소식이 더욱 놀랍고 원통하와 이같이 다시 말씀하나이다. 착한 사람을 가까이하며, 악한 무리를 멀리함은 성인의 훈계요, 공을 상 주고 죄를 벌함은 가법의 정당함이어늘, 이제 형장은 이와 같이 아니 하며 무육하던 유모의 공을 저버려 그 착함을 모르시고, 간휼한 할미의 죄를 깨닫지 못하여 그 악함을 친신하시니 어찌 가도가 쇠색함을 면하오며, 또 산지라 하는 것은 조상의 백골로 하여금 풍우에 폭로치 아니하고 땅 속에 깊이 편안히 계시게 함이 도리에 온당함이어늘, 풍수의 무거한 말을 곧이듣고 자기의 영귀와 자손의 복록을 희망하여 안장한 백골을 파가지고 대지명당을 찾아다니니 대지명당이 어디 있으며, 조상의 백골이 어찌 자손의 영귀와 복록을 얻어 주리오? 만일 그와 같은 이치가 있을진대, 아무 데나 매장지를 한 곳에 정하고 백골을 단취하는 서양 사람은 모두 멸종 빈한하겠거늘, 오늘날 그 번식·부강함이 산지로 종사하는 우리 나라에 비할 바 아님은 어쩐 연고이며, 만일 지관이라 하는 자가 대지명당을 능히 알아, 남에게 가르칠 재조가 있고 보면, 어찌하여 저의 할아비를 묻지 아니하고 그같이 빈곤히 지냄을 면치 못하여 타인만 가르쳐 주리오? 이는 허탄한 말을 주작하여 남의 재물을 도적함이어늘, 어찌 이같이 고혹하사 산소를 차례로 면례코자 하시나이까? 종제의 위인이 불초하므로 말을 버리지 마시고 급히 깨달으사, 유모를 도로 부르시고 할미를 축출하며 지관을 거절하사 면례를 파의하압소서.'

그 끝에 열 가지 잠언을 기록하였으되,

'일, 쓸 데 있는 글을 많이 읽고 무익한 일을 짓지 말으소서.

이, 사람 구원하기는 의원만한 이 없고, 세상을 혹케 하기는 무녀 같은 것이 없나이다.

삼, 사람을 사귀매 양증 있는 자를 취하고 음증 있는 자를 취치 마옵소서.

사, 광명한 세계에는 다만 실상만 있고 허황한 지경은 없사외다.

오, 세계에 신선이 있으면 진시황과 한무제가 가히 죽지 아니하였으리이다.

육, 사람을 능히 섬기지 못하거든 어찌 능히 귀신을 섬기며, 산 사람도 모르며, 어찌 능히 죽은 자를 알리오? 귀신과 죽음은 성인의 말씀치 아니한 바니, 성인이 아니하신 말을 내가 지어내면 성인을 배반함이니다.

칠, 굿하고 경 읽음을, 자기는 당연한 놀이마당으로 여겨도, 지식 있는 사람 보기에는 혼암세계로 아나이다.

구, 산을 뚫고 길 내기는 풍수에 구애가 될지면, 외국에는 철도가 낙역하고 광산이 허다하건만, 어찌하여 국세가 저같이 흥왕하뇨? 풍수가 어찌 동양에는 행하고 서양에는 행치 아니하오리까?

십, 사람의 품은 마음을 가히 측량키 어려워 얼굴과는 관계가 없거늘, 상을 보고 마음을 안다 하니, 진실로 술사의 사람 속이는 말이다.'

보기를 다하매 그 많은 일가들이 칭찬하지 않는 자가 없는데, 그 중에 그 편지 가져오라던 노인 함만호는 진해 집 이웃에 있어, 그 집의 국이 끓고 장이 끓는 것을 모를 것이 없이 다 아는 터인데, 진해의 하는 일이 마음에 해괴하건마는, 아무리 일가간이기로 소불간친으로 내외간사를 말하기 어려워서, 다만 대체로 한두 번 권고한 후 다시는 개구도 아니하고 이따금 가서, 진해의 망측한 거동만 구경하더니, 어리석은 진해는 일문 대소가 들이 다 절적을 하는데, 이 노인은 가장 자기를 친절히 여겨 종종 찾아오거니 하여,

"만호 아저씨, 만호 아저씨."

하며 일청의 편지 올 적마다 펴 보이며,

"이놈이, 소위 형은 갱참*에 집어넣어 그른 사람으로 돌리고, 저는 지식이 고명한 정대한 사람인 체하여 이 따위 편지를 하나니 마나니."

하고 찢어 내어 버리는 것을, 함만호는 뜻이 깊은 사람이라 속마음으로,

'종형제간에 어쩌면 저같이 청탁이 현수한고*? 대순과 상이도 있고, 도척이와 유하혜도 있다 하지마는, 저 사람이야말로 상이와 도척이보다 못지아니하도다. 내가 저 편지를 간수하여 두었다, 이 다음에 일청의 발명거리를 삼으리라.'

하고 슬며시 주섬주섬 집어 모아, 이리저리 이에를 맞추어, 튼튼한 종이로 배접을 하여 두었던 것이라. 이번 종회를 발기하기도 함만호가 문장을 일부러 여러 번 가 보고 통문을 놓은 것인데, 그 종회한 주지는 큰

---

* 갱참(坑塹) 깊고 길게 파 놓은 구덩이.
* 현수(懸殊)하다 판이하게 다르다.

조목 세 가지가 있으니,

제일은, 진해의 양자를 일청의 아들로 정하여 누대 종통을 잇고자 함이요,

제이는, 진해의 그르고 일청의 바름을 종중에 공포하여 선악의 사실을 포폄*코자 함이요,

제삼은, 형제의 불목함을 없게 하여 문내에 화기가 다시 생기게 하고자 함이라.

그 날 함진해는 자기 일로 종회한다는 말을 듣고 여러 일가 보기에 얼굴이 뜨뜻하여 내환으로 의원을 보러 간다 청탁하고 안잠 할미의 집을 치우고 들어앉아 연해 소식만 탐지하더니, 처음에 자기 사촌이 들어오는 것을 보고 문장이 호령하더란 말을 듣고, 무슨 원수가 그다지 깊던지 마음에 시원 상쾌하다가, 만호가 편지 뭉치를 내어 놓고 일장 설명하더니, 만좌가 모두 칭찬하더라는 기별을 듣고서는 분함을 견디지 못하여 잔부끄럼은 간다 보아라 하고, 그 길로 바로 자기 사랑으로 들어오며, 문장 이하로 여러 일가에게만 인사를 하고, 마주 나오며 절하는 일청은 본 체도 아니하며 등을 지고 돌아앉으니, 일청이가 기가 막혀 더운 눈물이 더벅더벅 떨어지며 아무 말 없이 섰으니, 이는 자기 종형을 오래간만에 만난 반가운 눈물도 아니요, 자기 종형의 눈에 나서 원통하여 나오는 눈물도 아니라. 옛말에 '오십에 사십구 년의 그름을 안다' 하였거늘, 자기 종형은 오십이 다 되도록 회개를 그저 못 하였으니 집안일을 다시 바랄 여지가 없겠다 싶은 생각이 불현듯이 나서 우는 일이러라.

(문장) "여보게 진해, 내 말 듣게. 사람의 집안이 화목한 연후에 만사가 성취되는 법이어늘, 자네 연기가 노성한 터에 제가를 그같이 불목

---

* **포폄(褒貶)** 옳고 그름이나 착하고 악함을 판단하여 결정하는 것. 칭찬과 나무람.

히 하고 가사가 일패도지치 아니하겠나? 옛 성인의 말씀에, '독한 약이 입에 쓰나 병에는 이롭고, 충성된 말이 귀에는 거슬리나 행실에는 이롭다' 하였거늘, 자네는 어찌하여 충성된 말로 간하는 것을 청종치 아니할 뿐 아니라, 간하는 사촌을 구수(원수)같이 여기니 실로 한심한 일이로세."

(진해) "집안의 불목한 것이 저놈의 죄이지, 나는 아무 잘못한 일이 없습니다. 저놈이 내 집에 절적한 지 우금 몇 해에 우리 아버지·할아버지 산소를 차례로 면례를 하여도 제 집에 자빠져 현영도 아니하고, 집안에 우환이 그렇게 심하여도 어떠냐 말 한 마디 물어 본 적도 없고, 아니꼽게 편지자로 수죄 비스름하게 논란을 하여 보냈으니, 저하는 대로 하면 어느 지경까지든지 분풀이를 못할 바 아니나, 남의 청문을 위하여 참고 참는 나더러 꾸지람을 하시니 너무 원통하오이다."

(문) "허허, 이 사람, 가위 고집불통일세. 저 사람이 자네를 미워서 간하는 말과 편지를 하였겠나? 아무쪼록 자네가 잡류배 꾀임에 빠지지 말고 가도를 바르게 하도록 함이어늘, 자네는 그 뜻을 알지 못하고 도리어 구축하며 미워하였으니, 자네가 잘못이지 무엇인고?"

함진해가 다시 개구할 겨를이 없이, 당초에 그 삼촌 돌아가서 삼 년이 지나도록 영영 일곡도 아니한 일로부터, 일청 온 것을 부정하다고 구축하여 쫓던 일과 일청의 일반 병작도 못해 먹게 전답 팔아가던 일과, 무육한 유모를 일청이 밥 먹였다고 박대하며, 요사한 무당년을 소개하여 제반 악증을 다하던 노파를 신임한 일까지, 임가의 허황한 말에 속고 조상의 백골을 천동한 일까지, 조목조목 수죄를 한 후, 일청의 편지를 내어 놓고 구절마다 들어 타이르고, 설명을 어찌 감동할 만치 하였던지, 진해가 처음에는 일일이 자기가 잘못한 것이 없다고 반대하던 위인이라서, 고개를 푹 숙이고 아무 말없이 듣다가 자취없는 눈물이 옷

깃을 적시며 한숨만 자초아 쉬더라.

문장이 종회의 처리할 사건을 차례로 가부표를 받아 종다수취결 하는데,

"우리 문중 제일 소중한 바는 종통인데, 지금 진해의 연기는 오십지 년이 되었으나 종부의 연기는 아직 단산지경은 아니나, 그러나 다년 중병에 반신불수가 되어 다시 생산할 여망이 없은즉, 불가불 입후를 하여야 누대 향화를 그치지 아니할 터인데, 당내에 항렬 닿는 아이가 없으면 원근족을 불계하고 지취 동성으로 아무 일가의 자식이고 소목만 맞으면 데려오겠지만, 진해의 사촌, 일청의 맏아들 종표가 비단 당내만 될 뿐 아니라 위인이 준수하니, 부재다언하고 그 아이로 정하는 것이 어떠한고?"

여러 일가가 일시에 한 마디 말로,

"가하오이다."

문장이 또 한 문제를 제출하되,

"지금 진해의 연기는 과히 늙지는 아니하였으나, 다년 포병으로 가위 정신 상실자라 할 만한즉, 도저히 가사를 처리할 수 없고, 데려올 종표는 아직 미성년한 아이인즉, 불가불 뒤 보아 주는 사람이 있어야, 패한 가세를 회복키는 이 다음 일이어니와, 목전의 봉제사·접빈객을 할 터인즉, 그 자격에 합당한 사람 하나를 천거하시오."

이 때에 함만호가 썩 나앉으며,

"그 사람은 별로 구할 것 없이, 내 생각에는 일청이 외에는 그 소임을 맡길 사람이 다시 없을 듯하오이다."

문장이 여러 사람에게 가부를 물으니 또한 일구동성으로 만호의 말을 찬성하는지라, 문장이 진해를 돌아보며,

"자네는 어제 잘못한 것을 깨달아 이제는 옳게 함을 생각할 뿐더러 일동일정을 자네 사촌에게 위임하고 불목히 지내지 말아야 가정을

보존할 것이니 아무쪼록 존중 공의를 위반치 말기를 믿으며, 만일 일향 회개치 아니하고 악인을 가까이하여, 오늘 회의 결정한 일이 헛일이 되면, 그제는 종벌을 크게 당하리니 조심하소."

또 일청을 부르더니,

"자네의 종가 위하는 직심은 이미 듣고 보아 아는 일이어니와, 여러해 절적한 일은 잘못함이 아니라 할 수 없으니, 자네 사촌만 야속타말고 지금 회의 가결된 일과 같이 내일 내로 즉시 종표를 데려다 종가에 바치고, 자네도 반이하여 올라와, 한집에 있어 대소사의 치산을 전담 극력하여 누대 향화를 잘 받들도록 하소."

함진해가 전일 같으면 반대를 해도 여간이 아닐 것이요, 고집을 세워도 어지간치 아니할 터이로되, 본래 천성은 과히 악한 사람이 아니요, 무식한 부인과 간특한 하속에게 고혹한 바 되어 인사 정신을 못 차렸더니 문중 공론을 듣고 자기 신세를 생각한즉, 지난 일은 잘했든지 못했든지 말못되어 가는 가세에, 우환질고는 그칠 날이 없는데, 수하에 자질간 대신 수고하여 줄 사람이라고는 그림자 하나 없은즉, 양자는 불역지전* 하여야 할 것이요, 양자를 하자면 집안 아이 내어 놓고 원촌에 가데려올 수도 없으며, 데려온대도 내 집이 전 세월 같지 않아, 한없는 진구덥*을 치르고 배겨 있을 자식이 없을 것이니, 종중 회의에 못 이기는체하고 종표를 양자하여 제 아비 시켜 뒷배를 보아 주게 하고, 줄어든각사가 더 줄어질 여지는 없을 것이요, 제 부자가 아무것을 하기로 우리 내외 죽기 전 병구완과 먹도록 입도록이야 아니 하여 줄 수 없으니, 핑계김에 잘되었다 하고 외양으로 천연스럽게 대답을 한다.

(진해) "종중 처결이 그러하시니, 무엇이라도 거역할 가망이 있습니까? 오늘부터라도 가사를 다 쓸어 맡기겠습니다."

---

* **불역지전**(不易之典) 변경할 수 없는 기본이 되는 규정. 하지 아니할 수 없는 일.
* **진구덥** 자질구레하고 지저분한 뒷바라지 일.

(문장) "그렇지, 고마운 말일세. 주역에 불원복이라 하였으니, 자네들 두고 한 말일세. 사람이 누가 허물이 없겠나마는, 자네 같이 오래지 아니하여 회복하는 자가 어데 또 있겠나? 허허, 인제는 우리 종가집을 위하여 하례할 만한 일일세."

하며 일청더러,

"자네 종씨 말은 저러하니 자네 말도 좀 들어 보세."

(일청) "종의도 이같으시고, 종형의 뜻도 저러시니, 어찌 군말씀을 하오리까마는, 저 같은 위인이 열이기로 어찌 종형 하나를 따르겠습니까? 그러나 만일 형이 시키는 말 곧 있으면 정성껏 거행하겠습니다."

(문장) "자, 그러고 보면 장황히 더 의논할 것 없이 이 길로 자네가 떠나 내려가 종표를 데리고 올라오소. 아무리 급해도 그 아이 의복이라도 빨아 입혀야 할 터인즉, 자연 수일 지체는 될 것이니 오늘 내일 모레, 오늘까지 닷새 동안이면 하루 가고, 하루 오고 넉넉히 되겠네. 그날은 우리가 또 한 번 다시 모여야 하겠네."

하며 일변 일청을 재촉하여 발행케 하고, 일변 진해를 다시 당부한 후 이 다음 다시 모이기로 문장 이하가 각각 헤어져 가더라.

여러 함씨들이 종표의 올라올 승시하여 일제히 모여 예를 행케 하고 내당에 들여 보내어, 최씨 부인에게 모자지례로 뵈옵는데, 이 때 최씨는 병은 아무리 깊었더라도 그 병이 부집 죄듯 왜깍지깍 세상 모르고 앓는 증세가 아니라, 시난고난 앓는 중 중풍이 되어 반신불수로 똥오줌을 받내되, 정신은 참기름 종이 같아, 귀로 듣고 눈으로 보고 입으로 말까지는 하는 터이라, 일청이가 그 아들을 데리고 들어오는 양을 본즉, 눈꼬리가 창아곱패 되듯 하며 앞니가 보도독보도독 갈리건마는, 일문대종중이 모여 하는 일이요, 또 자기가 그 처신이 되었으니, 무엇이라고 말 한 마디 할 수 없어, 다만 어금니 빠진 표범과 발톱 부러진 매와 같이, 할퀴며 물지는 못하고 속으로만 노리며 으르렁대어, 종표가 어머니 어머니하며, 앞에 와 얼른대는 것을 대답 한 마디 없이 거들떠도 아니 보니 속담에, '병든 나무에 좀나기가 쉽다'고 자기의 소생도 아니요, 양자로 데려온 아이를 그 모양으로 냉대하니, 의리 모르는 노파 등속이 종회 이후에는 어엿이 나덤벙이지는 못해도 여전히 최 부인에게는 왕래 통신이 은근하여, 종표의 험담을 빗발치듯 담아 부으니 최씨는 더구나 미워하여 날로 구박이 자심하건마는, 종표는 일정한 정성을 변치 아니하고 똥오줌을 손수 받내며 조금도 어려운 기색이 없어, 밤낮 옷끈을 끄르지 아니하고 단잠을 잘 줄 모르며, 진해에게 혼정신성과 최씨에게 시탕* 범절이 목석이라고도 감동할 만하더라.

본래 사람의 염량 후박은 병중에 알기 쉬운 고로 말 한 마디에 야속한 마음도 잘 나고, 고마운 생각도 잘 나는 법이라. 최씨가 종표 부자를 구수같이 미워하던 그 마음이 차차 감해지고, 감사하고 기특한 생각이 차차 더해지니, 이는 자기 일신이 괴롭고 아픈 중 맑은 정신이 들 적마다 오장에서 절로 솟아나오는 생각이라.

'애구 다리야, 애구 팔이야, 일신을 마음대로 놀리지 못하니 똥오줌을 마음대로 눌 수가 있나! 세상에 모를 것은 사람의 마음이다. 내게 단것 쓴것 다 얻어먹던 것들은 웃느라고 문병 한 번 없지. 그것들은 오히려 예사지만, 안잠 할미로 말하면 제 죽기 전에는 나를 배반치 못할 터이어늘, 똥 한 번 오줌 한 번을 치우려면 군말이 한두 마디가 아니요, 그나마 목이 터지도록 열스무 번 불러야 겨우 눈살을 잡고 마지못하여 오니, 살지무석*하고 의리부동한 것도 있다. 애구구 팔다리야, 종표는 기특도 하지. 제가 내게 무슨 정이 들었다고 어린것이 더럽고 괴로운 줄도 모르고 단잠을 아니 자고 잠시를 떠나지 아니하니 그 아니 신통한가! 에그, 집안이 어쩌면 그렇게 되었는지 돈냥

---

* 시탕(侍湯) 부모의 병에 약 시중을 드는 일.
* 살지무석(殺之無惜) 죽어도 아깝지 않다는 뜻. 죄가 매우 중함을 일컫는 말.

될 것은 모두 전당을 잡혀먹고, 약 한 첩 지어 먹자 해도 일 푼 도리 없더니, 시사촌께서 와 계신 후로는 그 걱정 저 걱정 도무지 모르고 지내지. 내가 내 일을 생각해도 벌역을 받아 병신 되어 싸지 않은가! 남의 말만 곧이듣고 내 집안 양반을 괄시하였으니.'
하여 하루 이틀 지나갈수록 세상짓이 다 헛일을 한 듯하고 사랑하는 마음이 더욱 깊어가더라.

최씨 부인의 병이 감세가 있을 때가 되었든지, 약을 바로 쓰고 조섭을 잘해 그렇든지, 기거 동작을 도무지 못 하던 몸이라서 능히 일어나서 능히 앉으며, 지팡이를 짚고 방문 밖에도 나서 보니, 자기 생각에도 희한하고 다행하여, 이것이 다 시사촌의 구원과 종표의 정성으로 효험을 보았거니 싶어 없던 인정이 물 퍼붓듯 하는데,

(부인) "종표야, 날이 선선하다. 핫옷을 갈아입어라. 내 병으로 해서 잠도 못 자며 고생을 하더니, 네 얼굴이 처음 올 때보다 반쪽이 되었구나. 시장하겠다. 점심 먹어라. 병구완도 하려니와 성한 사람도 기운을 차려야지. 삼랑아, 도련님 진지 차려 드려라."

(종) "저는 배고프지 아니합니다. 약 잡수신 지 한참 되어 다 내리셨겠으니 진지 끓인 것을 좀 잡수셔야지, 속이 너무 비셔서 못씁니다."

(부) "너 먹는 것을 보아야 내가 먹지, 너 아니 먹으면 나도 아니 먹겠다."

하며 자애가 오장에서 우러나오니, 세상에 남의 집에 출가하여 그 집을 장도감 만드는 부인이 허구많은데, 열에 아홉은 소견이 편협지 아니하면 심술이 대단하여, 한번 고집을 내어 놓으면 관머리에서 은정 소리가 땅땅 나기 전에는 다시 변통을 못 하건마는, 최 부인은 고집을 내면 암소 곧달음으로 고삐 잡아당길 새 없이, 하고 싶은 일을 실컷 하고야 말면서도, 전후 사리는 멀쩡하여 잘잘못을 짐작 못 하던 터가 아니라, 한번 마음이 바로잡히기 시작하더니, 본래 무던하던 부인보다 오히려 못

지 아니하여 처사에 유지함이 상등 사회에 참례할 만하다.

하루는 자기 남편과 시사촌과 사촌동서와 종표까지 한 자리에 모여 앉은 좌상에서 최씨 부인의 발론으로, 종표를 중학교에 입학케 하여, 사오 년 만에 졸업한 후에 다시 법률 전문 학교에 보내어 공부를 시키는데, 생양정 부모의 정성도 도저하지마는, 종표의 열심이 어찌 대단하던지 시험마다 만점을 얻어 최우등으로 졸업을 하니, 함종표의 명예가 사회상에 현자하여 만장공천으로 평리원 판사를 하였는데, 그 때 마침 우리 나라 정치를 쇄신하여, 음양 술객과 무복 잡류배를 일병 포박하여 차례로 심문하는 중에 하루는 부녀 일명을 잡아 들여오거늘 종표의 내심으로,

'저 계집도 사람은 일반인데, 무슨 노릇을 못해서 혹세무민하는 무녀
노릇을 하다가 이 지경을 당하뇨? 우리 집에서도 아마 이.따위 년에
게 속고 패가를 했을 것이니 아무 때든지 그년만 붙들고 보면 대매에
쳐죽여 첫째로 우리 집 설분도 하고, 둘째로 세상 사람에 후일 경계
를 하리라.'

하는데 잡혀 들어오던 무녀가 신문장에를 당도하더니, 그 똘똘하고 살기가 다락다락하던 위인이 별안간에 얼굴빛이 사상이 되어 목소리를 벌벌 떨며 자초 행위를 개개 승복하되,

"의신을 장하에 죽이신대도 어디 가 한가하오리까마는 죽을 때 죽사
와도 한마디 아뢰올 말씀이 있습니다. 의신의 무녀 노릇 하압기는 다
름이 아니라, 생애가 어려워 마지못해 하는 일인데, 한때 얻어먹고
살라고 우중으로 말 마디가 신통히 맞사와 살면서 이 소문을 듣고 부
르오니, 속담에 굿들은 무당이라고, 부르는 곳마다 가서 정성껏 큰
굿도 하여 주고 푸념도 하여 준 죄밖에 다른 죄는 없습니다."

종표의 말소리가 본래 기걸하여 예사로 하는 말도 천장이 드르렁드르렁 울리는 터이라. 그 무녀의 말이 막 그치자 가래침 한 번을 칵 배알

고,

　(판사) "네 말 듣거라. 세상에 무슨 생애를 못 해 먹어 요사한 말을 주작하여 사람을 속여 전곡을 도적하고 패가망신까지 시키뇨?"

　(무녀) "의신이 무녀 된 이후로 남북촌에 단골댁이 허구많으셔도 불행히 다동 함진해 댁에서 그 댁 운수로 패가를 하셨지, 그 외에는 한 댁도 형세가 늘면 늘었지 줄으신 댁은 없사온대, 이처럼 분부를 하시니 하정에 억울하오이다."

함 판사가 함진해 댁이라는 말을 들으니,

　'옳다, 이년이 우리 집 결단내던 년이로구나. 불문곡직하고 당장 그대로 엎어놓고 난장으로 죽이고 싶지마는, 법률 배운 사람이 미개한 시대에 행하던 남형*을 행할 수 없고 중율이나 쓰자면 그년의 전후 죄상을 명백히 공초*케 하여야 옳것다.'

하고 한 손을 눕치며,

　(판) "네 말 같으면 남북촌 여러 단골집이 모두 네 공효로 형세를 부지한 모양 같고나. 그러면 네 단골되기는 일반인데, 함진해 댁에서는 어찌하여 독이 패가를 하셨어?"

　(무) "네, 아뢰기 죄만 하오나, 그 댁은 그러하실밖에 수가 없으시지요. 그 댁 마님께서 귀신이라면 사족을 못 쓰시는데 좌우에서 거행하는 하인이라고는 깡그리 불한당 년이올시다. 의신은 구복이 원수라, 그 댁 하인의 시키는 대로 할 따름이지, 한 가지 의신의 계교로 속인 일은 없습니다."

　(판) "네 몸에 형벌을 아니 당하려거든, 그년들이 네게 와 시키던 말도 낱낱이 고하려니와, 너의 간교로 그 댁 속이던 일을 내가 이미 알고 있으니 잔말 말고 고하렷다."

✻ 남형(濫刑) 가리지 않고 함부로 처형함.
✻ 공초(供招) 조선 때, 죄인이 범죄 사실을 진술하던 일.

(무) "그 댁 하인의 다른 것들은 다만 심부름만 하였지요마는 그 댁에서 안잠 자는 노파가 그 댁 일을 무이어 자주장하다시피* 하는데, 하루는 의신의 집에를 와서 그 댁 아기 죽은데 진배송을 내어 달라 하며, 그 댁 세세한 일을 모두 가르쳐 의신더러 알아맞히는 모양을 하여 별미가 얼마나 나던지 반분하자 하압기 말씀이야 바로 하압지, 무녀 되어서 그런 자리를 내어 놓고 무엇을 먹고 사옵니까? 그러하오나 마침 의신이 신병이 있사와 부득이 하여 저의 동무를 천거하였삽더니 그럴 줄이야 누가 알았습니까? 그년이 천하에 간특하고 의리부동한 년이라, 의신의 그 댁 단골까지 빼앗아 제가 차지하고 흥화조산을 못할 짓이 없이 하였습니다. 당초에 그 댁 영감께서 베전 병문에서 회오리바람을 만나시는 것을 마침 지나다 제 눈으로 보고 앙큼한 마음으로 아무 때든지 그 댁 일을 한 번만 맡아 보면 귀신이 집어댄 듯이 말을 하여 깜짝 반하게 하리라 한 것은 아무도 몰랐더니, 그년이 그 방법을 행할 뿐 아니라, 안잠 할미를 부동하여 세소한 일까지 미리 알고 가장 영한 체하여, 그 댁 재물을 빼앗아 먹다 못하여 나중에는 임가라 하는 놈과 흉계를 내어 그놈을 지관 행세를 시켜 비기를 써다 미리 고양 땅에 묻고, 그 영감을 감쪽같이 속여넘겨 여러 만금을 도적하여 먹으면서도 의신에게는 이렇다 말 한 마디 없었사오니, 하늘이 내려다보시지, 의신은 그 댁 일에 일호도 죄가 없습니다."

(판) "그러면 너는 어디 살고, 그년은 어디 있으며, 명칭은 무엇이라 하고 그년의 비밀한 계교를 어찌 알았뇨?"

(무) "의신은 묘동 사압기로 묘동집이라고 남들이 부르압고, 국수당 무당은 성이 김가라고 그렇게 별호를 지었는지, 금방울이하고 모르는 사람이 없사오며, 그 비밀한 일은 그 댁에 가까이 댕기는 하인들

---

* **자주장(自主張)하다** 남의 간섭을 받지 않고 자기 주장대로 하다.

이 그년의 소위가 괘씸하여 의신 곧 보면 이야기를 하압기로 들었습니다."

함 판사가 듣기를 다하고 사령을 명하여 금방울과 임 지관을 성화같이 잡아들이라 분부하니, 묘동이 다시 고하되,

"동류의 일을 아무쪼록 덮어가는 것이 서로 친하던 본의오나, 그년의 의신의 생애를 앗아가지고 그 댁을 못 살게 하온 일이 너무 분하고 가이없어 이 말씀이지, 그년이 바람 높은 기색을 미리 알아채우고 동대문안 양사골 제 아주미집 건넌방 속에 임가와 같이 된장독에 풋고추 백히듯 꼭 들이백혀 있습니다. 그년을 잡으시랴 하면 제 집에는 보내 보실 것도 없이, 이 길로 양사골로 사령을 보내셔야 잡으십니다. 그년의 벗바리*가 어찌 좋은지 사면에 벌레줄같이 늘어서 있어, 몇 시간만 지체가 되면 이 소문을 다 듣고 달아날 터이올시다."

판사가 사령에게 엄밀히 분부하여 양사동으로 보내더니, 거무하에 연놈을 항새족새하여 잡아들였는데, 신문 한 번도 하기 전에 예서제서 청촉이 빗발같이 쏟아져 들어오는지라, 판사가 한편 귀로 듣는 족족 한편 귀로 흘리며 속마음으로,

'압다, 이년의 세력이 어지간치 않다. 이왕으로 말하면, 북묘 진령군만은 하고, 근일로 말하면 삼청동 수련이만은 착실한걸. 네 아무리 청질을 해도 내가 이왕 법관 모양으로 협잡하는 터이 아니니, 무엇이 고기되어 법을 굽혀 가며 호락호락 청 들을 내냐! 이년, 정신 없는 년, 내가 누구인 줄 알고 이 따위 버르장이를 하느냐? 매 한 개라도 더 맞아 보아라!'

하고 서리같이 호령을 하여 족불리지*로 잡아들여, 형구를 갖추어 놓고

---

* 벗바리 뒤에서 힘이 되어 주는 사람. 곁에서 도와 주는 사람.
* 족불리지(足不履地) 발이 땅에 닿지 않을 정도로 썩 급히 달아남. 여기서는 '곧바로', '조금의 지체도 없이' 정도의 뜻으로 쓰임.

천둥같이 으르며 일장 신문을 하는데, 금방울같이 안차고 다라지고 겁없는 인물도 불이 어찌 되든지 말끝마다,

"죽을 혼이 들어서 그리했으니 상덕을 입어 살아지이다!"
소리를 연해 하여 가며 전후 정절을 개개 승복하니, 임가 역시 발명무지라, 다만 고개를 푹 숙이고 살기만 발원하더라. 판사가 일변 고양군에 발훈하여 최옥여를 마저 압상하여 일장 문초한 후 세 죄인을 모두 한기신 징역으로 선고하고 자기 집에 돌아와 생양정 부모께 그 사실을 고하고서, 당장 노파와 삼랑들을 불러세우더니,

(판사) "너희들의 죄상은 열 번 죽어도 남을 터이나 십분 용서하는 것이니, 댁 문하에 다시 발그림자도 하지 말고 이 길로 나아가되, 다른 집에 가서라도 다시 그런 행실을 하여 내게 입렴 곧 되고 보면 그 때 가서는 죽어도 한가 말렷다."

이 모양으로 호령을 하여 두 년을 축출하니, 최씨 부인이 그 아들 보기도 얼굴이 뜨뜻하여, 그 사지 어금니같이 아끼던 수하친명이 이 지경이 되어도 말 한 마디 두호하여 주지 못하고, 오직 아들의 뜻대로만 백사·만사를 좇는데, 벽장 다락 구석에 위해 앉혔던 제석·삼신·호구·궁웅·말명·여귀 등 각색 명목과 터주·성주 등물을 모두 쓸어내다 마당 가운데에 쌓아놓고 성냥 한 가지를 드윽 그어 불을 질러 태워버리고, 다시 구기라고는 손톱 반머리만치도 아니 보는데, 그 뒤로는 그같이 뻔한 날이 없이 우환이 잦던 집안 식구가 돌림감기 한 번을 아니 앓고, 아이들이 나면 젖주릅도 없이 숙성하게 잘 자라니.

장지연

애국부인전

애국부인전

제 1 회

　화설 오백여 년 전에 구라파주 불란서국 아리안 성 지방에 한 마을이 있었는데, 마을 이름을 동임이라 하였다. 그 곳 땅이 궁벽하여 인가가 드물고 농사에만 힘쓰는 집뿐이었다. 그 중에 한 농부 부부 단 두 식구가 일간 초옥에서 빈한하게 양을 쳐서 생업하였는데, 서기 일천사백십이 년 정월에 마침 한 딸을 낳으니 용모가 단아하고 천성이 총명하여 영민함이 비할 데 없어 부모가 사랑하여 그 아이의 이름을 약안이라 했다.

　약안은 점점 자라며 부모에게 효순하며, 한 번 가르치면 모르는 것이 없으며, 또한 상제를 믿어 성경을 항상 읽으며 학문에 능통하였다. 나이 십삼 세에 이르러 능히 부모의 양치는 생업을 도우니 부모가 이 여아의 극히 영리함을 보고 매우 기뻐하였다. 그 동네 사람들이 약안의 총민함을 칭찬 아니 하는 이가

잔 다르크

＊정덕　프랑스의 성녀 잔 다르크(1412~1431)를 한자식으로 읽은 것. 백년전쟁 말기에 프랑스를 위기에서 구한 영웅적 소녀임.

없어 특별히 이름을 정덕*이라 부르며 말하기를,

"아깝도다. 정덕이 만약 남자로 생겼다면 반드시 나라를 위하여 큰 사업을 이룰 것이거늘 불행히 여자가 되었다."

약안이 이렇듯이 칭찬함을 듣고 마음에 불평히 여겼다.

"어찌 남자만 나라를 위하여 사업을 하고 여자는 능히 나라를 위하여 사업하지 못할까. 하늘이 남녀를 내심에 이목구비와 사지백태는 다 일반이니 남녀가 평등하거늘, 어찌 이같이 등분이 다르다면 여자는 왜 태어나는가."

이런 말로만 보아도 약안이 다른 일에 능히 불란서국을 회복하고 이름이 천추 역사에 혁혁히 빛날 여장부가 아니겠는가.

각설하고, 약안이 하루는 일기가 몹시 더워 불 속 같은지라. 양을 먹이다가 더위를 피하려고 양을 몰고 나무 수풀과 시냇물 가에 배회하는데, 이 때 마침 영국 군병이 불란서국을 침범하여 향촌으로 다니면서 불을 놓아 인민을 겁략하고 재물을 탈취하였다. 약안이 속히 피하여 수풀 사이로 들어가니 인적이 고요하고 다만 옛 절이 있거늘, 그 절 가운데에 숨어서 상제에게 가만히 빌었다.

"원컨대 신력을 빌어 나라의 환란을 구원하고 적국의 원수를 갚게 하옵소서."

이 때 영국 군병은 벌써 가고 촌려가 안정하거늘 약안이 그 절을 나와 길을 찾던 중, 그 절 뒤에 한 화원이 있는데, 화류는 꽃다움을 다투고 꾀꼬리는 풍경을 희롱하는지라, 약안이 경개를 사랑하여 화원 중에 들어가 이리저리 구경하였다. 이 때 홀연 어디서 약안을 부르는 소리가 들렸다.

"약안아, 네가 너무 한흥을 타 방탕히 놀지 마라."

약안이 깜짝 놀라 사면을 살펴보았으나 사람의 그림자도 없었다. 정히 의심하여 머리를 들어 보니 홀연 공중에 황금빛이 찬란하며 채색 기운이 영롱한데, 구름 속에 무수한 천신이 공중에 둘러서고, 그 중에 세분 천신이 서서 옥관 홍포로 기상이 엄숙한데 약안을 크게 불러 말하였다.

"불란서국에 장차 큰 난이 있을지라, 네가 마땅히 구원하라."

약안이 다시 천신의 앞에 엎드려 말하였다.

"소녀는 본래 촌가 여자라, 어찌하여야 군사를 얻어 전장에 나아가게 되오며, 또한 불란서국의 난이 어느 날 평정하오리까. 소녀의 지원이 백성을 위하여 재앙을 구제하고 나라의 원수를 갚아 주권을 회복코자 하오니, 바라건대 상제께서 일일이 지시하시어 도와 주옵소서."

천신이 다시 말하였다.

"너는 근심치 마라, 이 다음 자연 알 날이 있을 것이니 그 때 되거든 라비로 장군의 휘하로 들어가면 좋은 기회가 생길 것이니라."

하고 말을 마치며 별안간에 금광이 어른하며 곧 보이지 않았다.

당시 불란서국은 영국과 해마다 싸움을 쉬지 않아 궁벽한 농부라도 영국의 원수됨을 다 알고 있었다. 약안이 어려서부터 부모가 항상 이르는 말을 듣고, 심중으로 또한 나라의 부끄러움을 씻고자 하여 날마다 상제에게 가만히 축원하기를, '장래 나라를 위하여 원수를 갚고 백성을 구제하게 하옵소서.' 하였다. 이렇게 칠팔 년을 한마음으로 비는 고로 그 정성이 하늘에 미쳐, 천신이 감동하여 약안의 눈에 나타난 것이었다.

약안이 황홀하여 속으로 생각하기를 이것이 꿈인가 하더니 그 후에도 여러 차례 천신이 눈에 완연히 보이고, 이처럼 부탁이 간절하기에 약안은 '천신께서 저렇게 누누이 분부하시니 필연 나라에 큰 난이 있을 것이요, 내 마땅히 구하리라.' 하고 생각하였다. 이로부터 약안은 나라 원수 갚기를 스스로 책임지고 군기도 연습하고, 혹 목장에 나가 말도 달리며 총과 활도 배우니, 부모는 여아의 이러한 거동을 보고 심히 근심하여 염려하며 매양 금지시켰으나 약안의 뜻이 굳어 아무리 말려도 듣지 않을 것을 짐작하고 어찌할 수 없이 그대로 두었다. 그 동네 사람

들은 모두 약안을 미친 여자라 지목하였지만 그녀는 추호도 뜻을 변하지 않고 오히려 동네 사람들에게 이르되, '내 상제의 명을 받아 나라를 구하리라.' 고 하니 듣는 사람들이 허연히 웃고 이상하게 생각하였다.

오늘 문주 재주를 배움은 정히 다른 때에 국민의 난을 구제코자 함이었다.

제2회

차설하고, 이 때 불란서국과 좁은 바닷물 하나를 격하여 이웃한 나라는 영국이었다. 이 두 나라가 백 년 이래로 원수가 되어 날마다 싸움을 일삼았다. 서기 일천삼백삼십팔 년부터 영국의 왕 의덕화 제3세가 불란서 국왕 비립 제6세와 더불어 격렬서에서 싸움을 한 후, 일천삼백오십육 년에 영국 흑태자가 불란서국과 파이다에서 크게 싸워 불란서 국왕 샤이 제4세를 사로잡고, 그 후 사오 년에 불란서국 샤이 제5세가 영국과 싸우다가 패하여 영토를 떼어 주고 배상을 물어 준 후에 잠시 화친하였다.

이 때 불란서국은 정부에 두 당파가 있었는데, 하나는 애만랍당으로 왕실을 보전코자 하였고, 다른 하나는 불이간당으로 영국과 내통하여 불란서국을 해롭게 하니 이 두 당파가 서로 내란을 일으키고 있었다. 영국의 현리왕 제5세가 이 기회를 틈타 불란서국과 싸워 불란서국 군사가 대패하였다. 일천삼백칠십 년에 또 영국 왕이 불란서국을 대파하고 약조를 정하되, 불란서 국왕의 딸 가타린을 영국 현리왕 제5세의 왕비로 삼아 불란서 국왕을 겸하게 하고, 파리 성에 들어가 불란서국 샤이왕 제6세를 폐하고 불란서국을 다스렸다. 이 때 불란서국 북방의 모든 고을은 다 영국에 복종하였으나 오직 남방의 여러 성들이 영국에 항복하지 않고 불란서국 태자 샤이 제7세를 내세워 영국에 항거하였다.

일천사백이십팔 년에 영국이 또 큰 군사를 일으켜 불란서국 남방을 소탕하고자 하여 영국 해협 지방으로부터 불란서국 국경까지 수백 리에 정기가 공중에 덮이고 칼과 창은 일월을 희롱할 정도였다. 수륙으로 일시에 들어오며 라아로 강을 건너 국경 지방을 공격하였으나, 이 때 불란서 국왕은 남방으로 도망하고 불란서국 서울 파리 성과 그 남은 성은 다 영국의 땅이 되었다. 불란서국이 아무리 수만 정병을 징발하여 영국과 싸웠으나, 군사의 용맹과 무예의 날램이 영국 군사를 당하지 못하였고, 장수들도 영국처럼 지용을 겸비한 사람이 없을 뿐만 아니라 불란서국의 정부 대관들은 대부분 다 영국의 지휘를 받음으로 불란서 국왕이 남방으로 피하여 몸을 숨길 곳이 없으니 불란서국 군사들은 싸울 뜻이 없고 각자 도망하여 전국이 거의 영국 영토가 될 지경이었고, 전국 인민이 다 개, 돼지와 같은 외국의 노예가 되는 것이 부끄러운 줄도 모르고 하루라도 구차하게나마 목숨을 보전하는 것만을 다행으로 알았다. 그러니 만일 남방만 아니었다면 불란서국의 이름이 어찌 오늘까지 전하겠는가.

이 때 오직 남방의 몇몇 고을이 남아 불란서 국왕을 보호하니, 그 곳의 유명한 성 이름은 아리안 성(오를레앙 성)이었다. 그 성은 라아로 강의 북쪽에 위치하여 남방의 머리가 되고 제일 험한 성이었다. 강 북쪽 언덕에 있기에 남쪽 언덕과 중간에 큰 다리를 놓고 서로 항상 왕래하였는데, 그 다리 남쪽은 허다한 성곽과 포대를 쌓고 다리를 막아 적병을 방비하니 그 다리 이름은 교두보였다.

그 다리 위에는 두 개의 석탑이 있었는데, 이름은 지미로였다. 북쪽에서부터 탑까지 이르는데 모두 흙과 돌로 쌓아 극히 견고하고 험하며, 또 탑의 남쪽에 나무 다리를 놓아 각처에 왕래하니 교두보와 지미로 두 곳에 엄중한 군사를 두어 적병을 방비하므로 아리안 성은 이러한 험한 성책을 믿고 죽을 힘을 다하여 지키고 있었다.

이 때 영국 대장 사비리가 아리안 성의 험함을 보고 한 계략을 꾸미되, 이 성은 급히 함락할 수 없으니 각처의 군사들을 모두 모아 힘을 합하여 먼저 지미로 성을 공격하는 것이 좋겠다 하여 모든 장수들을 불러 일제히 지미로 성을 공격, 함락시킨 뒤, 그 탑 위에 대포를 걸고 성 아래에 있는 인민의 집을 무수히 불태우며 험한 곳을 영국 군사들이 점령하여 아리안을 공격하였으나, 성 안에 있는 불란서국 군사들은 죽기로 지키어, 영국 군사들은 끝내 함락시키지 못하고 오히려 영국군의 대장 사비리가 화살에 맞아 죽었다.

영국이 다시 새가로 장군을 대장으로 삼아 주야로 공격하여 수개월을 지냈으나 함락시키지 못하고 장구히 포위하여 구원을 끊고, 성 안의 군사들이 먹지 못하면 자연 항복할 것으로 알고 성 밖에 흙을 쌓아 높은 산을 성과 같이 하고 여섯 곳 봉우리 위에 대포를 걸고 날마다 공격하니 이 때가 서기 일천사백이십구 년이었다.

아리안 성을 물 샐 틈이 없게 포위하고 날으는 새도 통과하지 못하게 하니 다른 곳에 있는 군사가 와서 구원하고자 하여도 능히 들어올 수가 없었다. 이 때 아리안 근처에 사는 용감한 장사들이 수천 명 용사를 뽑아 아리안 성을 구원하고자 하였다가 오히려 영국 군사들에게 패하여 많은 무기와 식량만 빼앗기고 말았다. 이른바 계란으로 돌을 치는 것과 같이 영국 군사들을 당해 낼 수가 없었다. 성 안에 있는 군사들이 모두 의기가 떨어지고 형세가 날로 나빠지니 그 곤란을 어찌 다 말하겠는가.

혹은 말하되 차라리 일찍이 항복하여 성 안에 있는 모든 생명이나 구하는 것이 옳다고 하였고, 혹은 차라리 죽을지언정 어찌 항복을 하겠는가 하였으나 오히려 항복하자는 편이 많았다. 그러나 성 안에 있는 불란서국 대장 비호로 공작은 원래 이름이 있는 사람이었기에, 군사들이 항복하고자 하는 말을 크게 논박하지 못하고 죽기로 지키자고만 했다. 슬프다. 이 때 아리안 성은 도마 위에 살점이요, 가마 안의 고기와 같이 어찌 위태롭지 않겠는가.

옛적 우리 나라 고구려 시대에 당 태종의 백만 군병을 안시성 태수 양만춘은 능히 항거하여 백여 일을 굳게 지키다가 마침내 당나라 군사를 물리치고 평양성을 보전하였으며, 고려 강감찬은 수천 명으로 거란 소손녕의 삼십만 군사를 물리치고 송도를 보전하였으니 알 수 없도다. 불란서국은 이 때에 양만춘, 을지문덕, 강감찬 같은 충의영웅이 누가 있었는가.

정히 이 처량한 빛만 눈에 가득하거늘 중추지주에 의기인이 누가 있는가.

제 3 회

차설하고, 이 때 약안의 나이 십칠 세였다. 화용월태를 규중에 길러 봉용한 태도와 선연한 풍채는 필시 경성경국의 미인이었다. 이 때 불란서국 수도의 함몰과 국왕의 피난 소문이 사방에 퍼져 비록 아동, 부녀라도 모르는 이가 없었다. 약안이 주야로 탄식하며 이르기를 '우리 나라가 저 모양이 되었으니 어찌하면 좋을꼬.' 하였다. 종일토록 집에 앉아 나라 회복할 계교를 생각하다가 불란서국의 지도를 내어놓고 자세히 살피던 중, 문득 들으니 문 밖에 천명만마의 헌화하는 소리가 벽력같이 진동하면서 마을 사람의 우는 소리가 사방에 요란하였다.

약안이 놀라 급히 나가 본즉 영국 군사들이 규율 없이 사방에 횡행하며 재물을 빼앗고 부녀를 겁간하여 인명을 살해하고 있었다. 약안은 그 잔혹한 참상을 보고 더욱 분하여 심중에 복수할 생각이 더욱 간절하였으나, 어찌할 수 없어 급히 들어와 약간의 의복 등속을 거두어 행장을 단속하고 군기 등물을 몸에 가지고 부모를 보호하여 말에 태우고는 후면으로 달아나 요고측이란 마을로 피하였다. 여러 날이 지나자 아리안 성의 화급한 소식이 날마다 들리는지라 약안이 발연히 일어나 칼을 어루만지며 말했다.

"때가 왔도다. 때가 왔도다. 내가 나라를 구하지 못하고 다시 누구를 기다리겠는가."

즉시 부모 앞에 나아가 말하였다.

"오늘부터 저는 부친과 모친을 하직하고 문 밖에 나가 큰 사업을 세우고자 합니다. 혹 요행으로 우리 국민 동포의 환란을 구제하고 우리나라 독립을 보전할는지는 알 수가 없습니다."

부모가 이 말을 듣고 크게 노하며 말하였다.

"네가 광풍이 들렸느냐. 네가 규중에 성장한 여자로서 어찌 전장에 나아가 칼과 총을 쓰겠느냐. 만일 그렇게 쉬운 것이라면 허다한 남자들이 벌써 하였지 어찌 너 같은 아녀자에게 맡기겠느냐. 우리의 바램은 네가 슬하에 있어 늙은 부모를 받드는 것이지 전장에 나가 공업을 이루기를 원하지 않는다. 만약 불행하면 남에게 욕을 당할 뿐만 아니라 우리 집 조상 대대로 들은 덕행을 더럽힐 것이요, 또한 우리 부부가 다른 혈육이 없고 슬하에 다만 너 하나뿐이거늘 네가 집을 떠나면 늙은 부모는 누가 봉양하겠느냐. 너는 효순한 자식이 될 것이지 호걸 여자가 되지는 마라."

이 말을 듣고 약안은 눈물을 머금으며 슬프게 말하였다.

"부모님은 사방을 둘러보옵소서. 저의 마음은 벌써 확실하게 정하였으니, 다만 국가와 동포를 안녕히 보전할 것 같으면 이 몸이 만 번 죽어도 한이 없으며, 하물며 이 일은 한 집안의 사정이 아니라 백성된 공적인 사정입니다. 제 몸은 비록 여자이오나 어찌 불란서국의 백성이 아니겠습니까. 국민된 책임을 다하여야 바야흐로 국민이라 이를 수 있을 것이니 어찌 나라의 난을 당하여 가만히 앉아 보고 구하지 않겠습니까. 저는 오늘 정한 마음을 돌이키기 어렵사오니 기어코 가고자 하는 것입니다."

약안의 아버지는 약안의 이러한 충간열혈이 솟아나는 말을 듣고는 자연 감동도 되고 또한 만류해도 듣지 않을 줄 짐작하고 다시 일렀다.

"너는 여자로서 애국하는 의리를 알거든 남자된 자야 어찌 부끄럽지 않겠느냐. 네 아비는 나이 이미 늙어 세상에 쓸데가 없으니 너는 마음대로 하거라."

약안이 부친의 허락하심을 보고 눈물을 거두어 의복과 무기를 갖추어 행장을 수습하고 부모 앞에 하직하면서 두 눈에 구슬 같은 눈물을 흘리며 말하였다.

"제가 이번에 가면 다시 부모님을 뵈올 날이 있을는지 모르거니와 부모님께서는 저를 죽은 줄로 아시고 추호도 생각하지 마시고 다만 몸을 보전하옵소서."

부모가 다시 말하였다.

"약안아, 너는 부모는 염려 말고 앞길을 보중하거라."

이 날 약안이 부모에게 하직하고 문 밖에 나와서 돌아보지도 않고 길을 떠나, 보고유 지방을 향하여 포다리고 장군을 찾아갔다. 약안의 부모는 약안을 이별하고 두 줄 눈물이 비 오듯 하며 거리에 비켜서서 이윽히 바라보다가 약안의 모습이 보이지 않음을 기다려 방에 들어와 슬피 통곡하니 그 정상은 차마 볼 수 없는 것이었다.

정히 이 노인은 다만 집 보전할 뜻만 있었지만, 어린 여자는 깊이 나라 원수 갚을 마음을 품었도다.

제 4 회

각설하고, 아리안 성은 불란서국의 명맥과 같은 중요한 땅이기 때문에 그 성을 한 번 잃게 되면 불란서국의 종사가 멸망할 뿐만 아니라 전

인민이 다 소, 말과 같은 노예가 되는 것이었다. 이 때 영국의 군사들은 철통같이 포위하고 주야로 공격하니 대포 소리는 원근에 진동하였다.

그 성 북쪽에 또 한 성이 있으니 이름은 보고유 성이었다. 불란서국 장군 포다리고가 그 성을 지키고 있었으나 수하에 장수들이 없고 군사가 적어 아리안 성의 위급함을 알고도 능히 구하지 못하고 또한 영국 군사들이 본 성을 칠까 두려워 속수무책으로 주야에 근심하였다. 하루는 답답하고 민망하여 성 위에 올라 턱을 고이고 가만히 생각하되, '우리 불란서국이 망할 지경에 이르렀건만 내 아무리 충의심장이 있으며 용맹수단이 있으나 나라를 위하여 큰 난을 구하지 못하니 생불여사라.' 하고 두어 소리 긴 한숨으로 난간에 배회하다가 홀연 다시 일어나 크게 소리질러 가로되, '옛말에 모진 바람이 굳센 풀을 알고, 혼란한 시절에 충신을 안다 하니, 묻노라 불란서국이 오늘날 굳센 풀과 충신이 누가 있는가.' 하며 정히 탄식을 지었다.

그러다가 우연히 바라보니 어떤 한 부인이 편편히 오거늘 장군이 생각하되 '이상하다, 이러한 난중에 웬 부녀가 홀로 오는고. 이는 필연 아리안 성이 함락되어 도망하여 오는 자인가.' 하며 의심하였다.

그 여자가 점점 가까이 오거늘 자세히 살피니 얼굴이 옥 같고 의기가 양양하며, 비록 의복은 남루하나 늠름한 위의는 여장부의 풍채였다. 그 여자가 즉시 장군의 휘하에 들어와 절하고 여쭈었다.

"저는 일개 향촌 여자요, 이름은 약안이라 하는데, 불란서국의 난을 구원코자 왔습니다."

장군이 이 말을 듣고 크게 놀라 생각하되, '반드시 광병들린 여자로다, 내 마땅히 시험해 보리라.' 하고 전후사를 낱낱이 질문하자 그 여자가 다시 말했다.

"제가 천신의 지시함을 입사와 불란서국의 위급함을 구하고자 하오니 바라건대 장군께서는 의심치 마십시오."

장군이 그 행동을 살피고 언어 수작함을 본즉, 단정한 여자요 광병들린 여인은 아니었다. 그제야 마음을 놓고 구제할 방법을 물은즉, 약안이 힘을 주어 대답하였다.

"제가 수년 전에 천신이 나타나심을 입사와 제게 부탁하시기를 불란서국에 대란이 있을 것이니 네가 마땅히 구원하거라 하심으로, 그로부터 마음과 뜻을 정하고 무예를 배웠더니 오늘날 나라가 위급하고 백성들이 노예가 될 지경에 이른 고로 죽기를 무릅쓰고 와서 장군을 뵈옵는 것입니다. 다른 뜻은 없사오니 바라건대 장군은 굽어 생각하시와 일대 병마를 빌려 주시면 제가 비록 재주와 용략은 없사오나 충성을 다하여 아리안 성의 포위를 풀고 적군을 소탕한 후 고국을 회복하고 저의 뜻을 완전히 하오면 죽어도 한이 없겠습니다."

그녀의 말에는 뜨거운 핏기운이 얼굴에 나타나며 정신이 발발하여 열사의 풍신이 족히 사람을 감동케 하였다. 장군과 좌우의 여러 장수들이 모두 그 여자의 말을 듣고 십분 공경하여 자리를 내어 앉히고 감히 여자로 대하지 못하였다. 장군이 드디어 국사를 의논하여 물었다.

"낭자가 비록 담이 크고 지식이 많다 하나 원래 양을 치던 농가 출신이기에 한 번도 전장의 경험이 없으니 어찌 능히 영국 군사들과 싸우겠는가. 하물며 영국 군사들은 개개인이 날래고 용감하여 우리 나라에서는 몇 번 대군을 내어 싸우다가 전군이 함몰하였으니 낭자가 무슨 계책이 있는가."

"제게 무슨 기이한 계교가 있겠습니까. 다만 천신의 지휘하심인즉 자연 도우심이 있을지도 알 수 없고, 또한 천신의 도우심만 믿을 것이 아니라 오직 일전 열심만 믿고 우리 국민된 의무를 극진히 하여 불란서국의 인민됨이 부끄럽지 않게 할 따름입니다. 설혹 대사를 이루지 못하여도 천명에 맡길 것이니 어찌 성패를 미리 알 수 있으며, 또한 용병하는 법은 원래 기틀을 따라 임시변통할 뿐이지 미리 정할 수가 있겠습니까."

장군이 고개를 끄덕이며 다시 말했다.

"낭자의 말씀이 옳도다. 우리 나라 백성들이 낱낱이 다 낭자와 같이 국민의 의리를 안다면 어찌 오늘 이 지경에 이르렀겠는가. 그러나 내 수하에 군사들이 얼마 되지 않고, 또한 이 곳도 중요한 곳이기에 성을 비우고 보낼 수는 없는즉, 우선 몇백 명만 줄 것이니 낭자는 영솔하고 여기서 수십 리만 가면 시룡촌이라 하는 동네가 있는데, 그 동네에 우리 불란서 국왕 샤이 제7세 폐하께서 주찰하셨으니 나의 공문을 가지고 가 뵈오면 자연 군사를 얻을 도리가 있을 것이다."

장군이 즉시 군사 일중대를 점검하여 주자, 약안이 백배 감사하고 공문을 얻어 품에 품고 장군을 하직한 후 군사들을 영솔하고 시룡촌을 향하여 나아갔다.

정히 이 장군은 한갓 성 지킬 꾀만 있었지만, 여자는 다만 온 나라를 다 구할 공을 이루고자 하였다.

제 5 회

각설하고, 서기 일천사백이십구 년 사월에 약안이 갑주와 백마 은창으로 일개 중대를 거느리고 수십 리를 가다가 시룡촌에 당도하여 국왕전에 뵈옵기를 청하였다. 이 때 불란서 국왕 샤이 제7세는 벌써 들은즉 어떠한 영웅 여자가 군사를 일으켜 나라를 구한다 하므로 십분 기뻐하였다. 이 날 그 여자가 뵈옵기를 청하자 왕은 그 여자가 천신을 친탁한다는 말을 듣고 혹 요괴한 술법으로 세상을 속이는가 의심하여 그 진위를 알고자 하여 의복을 벗어 다른 신하를 입히고 왕의 상좌에 앉혀 거짓 왕을 꾸미고, 자신은 신하의 복장으로 제신의 반열에 섞여 분별하지 못하게 하고 약안을 불러들였다. 약안은 들어오다가 정당 위에 앉은 거

짓 왕에게서는 가지 않고 곧 제신들이 있는 반열에 들어가 진짜 국왕을 보고 재배하자 왕은 거짓으로 놀라는 체하며,

"낭자가 잘못 알았다."

하며 당상을 가리켜,

"저 위에 용포를 입고 앉은 국왕 폐하께 뵈어라, 나는 아니다."

하자, 약안이 엎드려 여쭈었다.

"천한 여자가 감히 천신의 명을 받자와 왔사오니 아무리 폐하께서 의복을 변장하였다고 하더라도 어찌 모르겠습니까."

왕은 그제야 약안의 성명과 거처를 묻고는 그 뜻을 알고자 하였다.

"천한 여자는 동임이 농가의 여자이온데 이름은 약안이라 하고, 나이는 십구 세요, 어려서부터 천신의 명을 받아 불란서국의 재앙을 구원하여 대왕을 위하여 적국을 소탕하고 리목 땅을 회복하고 폐하를 받들어 가면의례(대관식)를 행하고자 하옵니다."

이어서 약안은 포다리고 장군의 공문을 올렸다. 왕이 그제야 진심인 줄을 알고 약안의 손을 잡고 말하였다.

"불란서국 사람들이 모두 낭자와 같다면 어찌 회복하기를 근심하겠는가."

하고 찬탄하였다. 원래 불란서국의 법에 왕이 즉위하면 반드시 가면의례로 행하되 역대로 즉위할 때마다 리목 땅에서 행하였으나, 이 때에는 그 땅을 영국에게 빼앗겨 왕이 가면의례를 행하지 못하였다. 약안이 이를 고하자 좌우 대신들이 다 서로 말하되,

"상제께서 불란서국을 위하여 이 여자를 보내어 나라를 중흥케 하는구나."

하였다. 일찍이 불란서국 샤이 왕 제7세가 남방으로 피신하여 각처에 패한 군사를 거두니 대략 삼천여 명이었다. 이 날 왕은 그 패병 삼천 명을 약안의 휘하에 주고, 약안을 봉하여 대원수 여장군으로 삼고는 황금

갑주와 비단 국기와 또 몸기 하나를 주시니, 그 몸기에는 천주의 화상을 그리어 늘 진중에 들 때마다 손에 드는 기였다. 약안이 원융의 단에 올라 황금갑주와 백은포를 입고 오른손에 장검을 들고 왼손에 몸기를 잡아 엄연히 대장기 아래 앉으니, 그 기에 황금 대자로 '대불란서국 대원수 여장군 약안'이라 새겼다.

원수가 비록 연약한 여자의 몸이나 무기와 융장을 단속하고 장단에 높이 오르니 그 위엄이 엄숙하고 풍채가 늠름하여 진실로 여장부의 품신이 있었다. 이 날 제 장수와 군사들을 불러 일제히 점검하고 무기를 조련하니 군사가 다 원수의 신통한 도략을 복종하여 용맹이 백배나 떨치니 보는 사람마다 책책 칭찬을 아니 하는 사람이 없었다.

정히 원융은 본시 나라를 평안히 할 뜻이 간절하고 제장은 깊이 나라를 사랑하는 맘이 가득하도다.

제 6 회

각설하고, 이 때 불란서국은 아직 중고 시대라 사람마다 천신을 숭상하고 종교에 깊이 빠지니 이미 미개한 시대에 예사로운 것이었다. 약안의 이름이 세상에 진동하여 아동과 미천한 병사들도 모르는 사람이 없어 혹은 말하기를 천신이 세상에 내려와 불란서국을 구한다 했으며, 혹은 말하기를 요괴한 마귀가 사술로 사람을 유혹한다는 등 종종 의논이 사방에 분분하였다. 원수는 인심이 이러함을 알고 불가불의로 인심을 격발하고 분분한 논란을 바르게 하리라 하여 일장 격문을 지어 동구 대도에 게시하고 각 지방에 전파하니 그 격문은 이러하였다.

슬프다, 불란서국이 불행하여 종사가 엎어지고 백성이 흩어지며 도성이 함몰하고 인군이 피난 가시니 진실로 우리 나라 백성이 와신

상담 할 때이다. 약안은 어려서 상제의 명을 받들고 충의의 마음을 품어 감히 의병을 모집하여 고국을 회복하고 강한 적국이 원수를 씻으며 동포의 환란을 구원코자 하노니 모든 우리 불란서국의 인민들은 다 애국하는 의무를 담당하고 마땅히 도적을 물리칠 정신을 떨쳐 소문을 듣고 흥기하며 격문을 보고 소리를 응하여 미친 물결을 만류하고 거룩한 사업을 이룰지어다.

슬프다, 우리 동포여.

이 때 각처에서 인민 남녀들이 격문을 보고 애국의 사상을 분발하여 통곡하는 사람이 많아 한번 약안 원수를 보기를 천신같이 원하였다. 약안 원수는 이 말을 듣고 심중에 기뻐하여 또한 방책을 생각하되, '오늘날 인심이 저렇듯이 분발하니 우리 나라 회복할 기틀이 있을까 하나, 다만 세상 사람의 심장을 측량치 못하니 인심이 늘 이해 세력에 쏠려 나라의 욕될 줄 모르고 적국에 항복하여 버리는 자가 많으니, 내 마땅히 오늘 군사 위임이 떨치고 날랜 기운이 성할 시기를 타서 한바탕 연설로 인심도 고동하고 군사의 충의도 격발케 하며, 일변으로는 국민된 자로 하여금 염치를 알고 외인의 노예됨을 부끄러운 줄 알게 하며, 또한 적국으로 하여금 우리 불란서국도 인물이 있어 남의 개와 돼지처럼 보지 않게 하리라.' 하고, 즉시 군정관을 불러 각처에 방을 붙이게 하여 사방에 통지하되, 금년 오월 초경에 시룡촌 밖에 나아가 일장 연설회를 열 것이라 하였다. 이 군령이 내려지자 소문이 전파하여 각 도 각 군에서 남녀 노소는 물론 성군결대하여 약안 원수의 연설을 듣고자 하였다.

이 때 영국에 항복한 불란서국 장관이며 각 지방 관찰사와 군수와 일반 관원들을 다 전과 같이 그대로 두고 한 사람도 바꾸지 않았기에 영국의 명령을 받아 정탐 노릇하였는데, 홀연 비상한 여장군이 나서 기묘한 일과 신통한 술법이 있다 하므로 모두 위원 하나씩을 비밀리에 파송

하여 그 거동을 살폈다.

또 영국군 중에서도 벌써 약안 원수의 이 같은 신기한 소문을 들었을 것이나 다만 아리안 성이 굳게 지켜 속히 빼앗지 못하므로 각처에 있는 군사를 일제히 모아 아리안을 협력 공격하였다. 따라서 다른 곳에 신경을 쓸 겨를이 없었으며, 또한 약안 원수는 일개 유약한 여자라 조금도 유의치 아니하므로 약안 원수의 행동을 자유로 두어 방비하지 않은 까닭에 약 원수는 그 기틀을 얻어 필경 대공을 이룰 수 있었으니 어찌 하늘이라 아니하겠는가.

정히 이 창자에 가득한 더운 피가 눈물을 이루거늘 한폭 산하를 차마 남에게 부치랴.

제 7 회

차설하고, 이 때 연설할 기한이 이르자 약 원수가 군사를 불러 연설장에 나아가 연설장을 정돈하니 그 연설장은 십분 광활하여 가히 수십만 명을 수용할 수 있었고, 또한 연설대는 그 중간에 있는데 자연으로 된 조그마한 언덕으로, 그 언덕 위에는 나무 수풀이 있어 푸른 가지는 하늘을 덮었고, 무르녹은 그늘은 일광을 가리고 있어 사방에서 관망하기도 좋으며, 또한 이 때는 오월이라 정히 노는 사람에 합당하므로 방청하는 남녀 노소가 원근을 불게 하고 인산인해를 이루어 십 리 인근에 사람의 성을 이루었다.

이 날 상오 열 시에 이르러 약안 원수가 연설대에 오르니 남녀 인민의 분잡함과 헌화하는 소리는 정히 번괄할 즈음에 홀연 방포 일성에 여러 귀를 깨워 장중이 정숙한데, 국기를 높이 달고 일개 미인이 머리에 계화관을 쓰고 몸에 백금포를 입고 손에 몸기를 두르며 붉은 비단이 땅에 끌리고 비단 요대는 남풍에 표불하니 완연히 보름달 빛과 구슬 광채

같이 찬란하게 연설장 안으로 쏘여 오는 것 같았다. 온 장중의 수십만 사람의 두 눈빛을 모두 모아서 한 사람의 몸뚱이 위에 물 대듯 하며 모두 말하기를,

"저 여장군이 참 전일 소문과 같이 신기하고 이상한 여자로다. 평일에 꽃다운 이름을 여러 번 익히 듣고 한번 보기를 소원했더니, 오늘에야 그 아름다운 용모를 보니 참 천상의 사람이구나. 어찌 저러한 사람이 또 있으리요. 우리가 자꾸 연하여 공경할 마음이 생기는도다."

하였다. 일제히 장중이 정숙하고 천상 귀를 기울여 연설 듣기를 재촉하였다. 이 때 약 원수가 몸기를 두르며 한 점 앵두 같은 입술을 열고 세 치 연꽃 혀를 흔들어 옥을 깨뜨리는 소리로 공중을 향하여 창자를 가득한 열심하는 피를 토하며 연설을 시작하였다.

"우리 불란서국의 동포 국민된 유지하신 제군들은 조금 생각하여 보시오. 우리 나라가 어떻게 위태하고 쇠약한 지경이며 오늘날 무슨 토지가 있어 불란서국의 땅이라 하겠소. 북방 모든 고을은 이미 다 영국에게 빼앗긴 바 아니요, 남방에 있는 고을은 다만 한낱 아리안 성을 의지하지 아니하였소. 이 한 성도 불구에 함몰될 지경에 이르렀으니 만일 이 성을 곧 잃으면 불란서국의 종사가 전부 멸망하는 날이 아니오. 다 알으시오. 대저 천하 만고에 가장 천하고 부끄럽고 욕되는 것은 남의 노예가 아니겠소. 국가가 한번 망하면 인민이 다 노예가 될 것이요, 한번 노예가 되면 일평생을 남에게 구박과 압제를 입어 영원히 하늘날을 볼 날이 없지 않소. 심지어 재물과 산업도 필경 남에게 빼앗긴 바가 될 것이요, 조상의 분묘도 남에게 파냄이 될 것이요, 나의 처자도 남에게 음욕을 당할 것이오. 애급(이집트) 나라를 보았소. 옛날에 유태국 사람을 어떻게 참혹하게 대접하였소. 이것이

＊소연(昭然)하다　밝고 뚜렷하다. 분명하다.

다 우리의 거울이 아니오. 저러한 사정이 다 유태국 사기에 자세히 있지 아니하오. 우리 나라도 비록 이 지경이 되었으나 여러 동포가 동심 협력하여 발분진기하면 오히려 일맥 성기가 있겠거늘, 만일 인민이 다 노예가 되고 토지를 다 빼앗길 때를 기다려 그제야 회복을 도모코자 하면 그 때는 후회한들 할 수 없을 게요. 그런 고로 오늘날 내가 요긴한 문제 하나가 있어 여러분에게 질문코자 하오. 여러분들은 자유 인민이 되기를 원하오, 그렇지 않으면 천하고 염치없는 남의 노예가 되기를 원하오."

이 말에 이르러서는 온 장중이 모두 괴괴하면서 머리털이 하늘을 가리키고 눈빛이 햇불 같으며 다 소리를 질러 '결단코 아니하겠소. 결단코 아니하겠소. 우리들이 어찌 외인의 노예가 되리오. 차라리 함께 죽을지언정 노예는 아니 되겠소.' 하는 소리가 만장일치로 떠들었다. 약 원수는 인심이 저렇듯이 감동되어 모두 열성이 솟아남을 보고 연단을 크게 치며 소리를 질러 다시 연설을 계속하였다.

"동포 제군께서 이미 노예되는 것이 부끄러운 욕이 되는 줄 알았으니, 이렇듯 좋은 일이 없소. 그러나 다만 부끄러운 욕이 되는 줄로 알기만 하고 이를 떨칠 생각이 없으면 모르는 사람과 일반이 아니오. 대범 세계상에 어떤 나라 사람이든지 진실로 인민된 책임을 다하여야 당연한 의무가 아니오. 그러한 고로 나라의 원수와 부끄러움이 있으면 이는 곧 온 나라 백성의 원수요 부끄러움이 아니겠소. 또한 온 나라 사람이 함께 보복할 일이 아니오. 이러므로 유명한 정치가의 말이 모든 국민된 자는 사람 사람이 모두 군사될 의무가 있다 하니 그 말이 무슨 말이오, 사람이 생겨 국민이 되면 사람마다 주권에 복종하며 사람마다 군사가 되어 나라를 갚는 것이 당연한 일이 아니오. 이 것은 자기의 몸과 힘으로 자기의 생명과 재산을 보호함과 일반이오. 그러고도 나라의 부끄러움과 욕을 씻는 것은 곧 자기의 일신의 부끄러움과 욕을 씻는 것과 일반이오. 이것은 우리 국민된 자가 사람 사람이 다 마땅히 알 도리가 아니겠소. 또한 오늘날 이러한 시국을 당하여 어떠한 영웅호걸에게 이러한 책임을 맡겨 두고 우리는 일신을 편히 있기만 생각하고 마음이 재가 되며 뜻이 식어 슬피 탄식만 하고 나라의 위태하고 망하는 것만 한탄한들 무엇에 유익하며 무슨 난을 구하겠소. 또한 그렇지 않고 보면 어떤 사람은 염치를 잃고 욕을 참으며 부끄러움을 무릅쓰고 적국에 항복하여 외인의 개와 돼지가 됨을 달게 여기니 이러한 통분할 일이 또 있소. 대저 나라의 흥망은 사세의 성패에 달리지 않고 다만 인민 기운의 강약에 달렸으니 청하건대 고금 역사의 기록한 사적을 보시오. 한번 멸망한 나라는 천백 년을 지내도록 그 백성이 능히 다시 회복하고 일어나는 날이 있는가를.

이런 증거가 소연치* 않소. 그런 고로 오늘날 우리들이 동심동력하여 열심을 분발하면 어찌 부끄러움을 씻을 날이 없겠소. 나라 위엄을 떨치고 나라 원수를 갚는 것이 우리들의 열심에 달렸소. 제군들이여, 이미 남의 아래에 굴복지 아니할 뜻이 있을진대 반드시 일을 하여 보아야 참 굴복지 않는 것이 아니오. 제군들은 생각하오. 우리 나라가 이 지경이 되어 위태함이 조석에 있으니 만약 아리안 성을 한번 잃으면 우리 나라는 결단코 보전치 못할 것이오. 그 때가 되면 제군의 부모 처자가 반드시 남의 능욕을 당할 것이요, 제군의 재산 분묘가 반드시 남에게 탈취된 바가 될 것이니, 그 때에 이르러서 남에게 우마와 노예가 아니 되고자 하여도 할 수가 없을 것이오. 옛말에 이르기를 눈 없는 사람이 눈 없는 말을 타고 밤중에 깊은 못에 닿는다 하니

만일 한번 실족하면 목숨이 간 곳 없을 것이오. 정히 오늘날 우리를 위하여 하는 말이 아니겠소. 만약 급속히 일심으로 자기의 생명을 놓고 적국과 항거치 않으면 이 수치를 어느 때에 씻으리오, 어서어서 천 사람이 일심하고 만 사람이 동성하여 사람마다 죽을 뜻을 두어 가마를 깨치고 배를 잠궈서 한번 분발하면 영국이 비록 하늘 같은 용략이 있다고 하더라도 우리 나라가 어찌 적국에게 압복할 바가 되리오. 제군들이여, 만약 살기를 탐하고 죽기를 겁내어 나라 망할 때에 당도하면 남의 학대 자심하여 살기에 괴로움이 도리어 죽어 모르는 것만 못할 것이오. 나는 본래 궁항 벽촌의 일개 외롭고 약한 여자로서 재주와 학식은 없으나 다만 나라의 위태함을 통분히 여겨 국민된 한 분자의 의무를 다하고자 함이요, 차마 우리 국민이 남의 우마와 노예됨을 볼 수 없어 이같이 군중에 몸을 던졌나니 다행히 라비로 장군의 은덕으로 나의 고심혈성을 살피시고 나로 하여금 군사에 참여케 하시니, 오늘날 제군과 더불어 맹세하건대 몸으로 나라 일에 죽어 우리 국민을 보전코자 하오니, 제군들이여 이미 애국심이 있을진대 과연 어찌하면 좋겠는가. 기묘한 방책을 바라노라."

약 원수가 연설을 마치지 못하여 두 눈에서 눈물이 비 오듯 흐르면서 일장 방성통곡하자 여러 방청하던 사람들이 모두 감동하여 애통해하면서 더운 피가 등등하여 찬탄을 하면서 이렇게들 말하였다. '원수는 불과 일개 연약한 여자로서 저러한 애국 열심이 있거늘 우리들은 남자가 되어 대장부라 하면서 도리어 여자만 못하니 어찌 부끄럽지 않겠는가.' 스스로 꾸짖는 자와 주먹을 쥐고 손바닥을 비비며 살지 않고자 하는 자들이 일제히 소리를 질렀다.

"우리들은 오늘 맹세코 나라와 한가지로 죽을 것이요, 만약 나라가 망하면 우리도 단정코 살지 못하리라."

일시에 여러 남녀가 흥흥하여 조수 밀 듯 샘물 솟듯 애국 열성이 사면에 일어나서 다 약 원수 휘하의 군사가 되기를 자원하니 그 형세 심히 광대하였다.

정히 이 일개 여자가 애국성을 고동하여 백만 무리가 적국 물리칠 기운을 떨치도다.

제 8 회

각설하고, 이 때 연설장에서 여러 사람들이 일제히 약 원수의 군사가 되기를 지원하는 자가 많았는데, 약안 원수가 이르기를 '그대들이 이제 군중에 들어와 나라를 위하여 전장에 나가고자 한다면 마땅히 죽기를 동맹하고 일심병력하여 적군과 싸울지니, 오늘부터 대열을 갖추고 군령에 복종하고 규율을 문란케 하지 말라.' 고 다짐하고, 이 날 행군을 하였다. 또한 원근 촌락에 있는 백성들이 양초와 기계 등속을 가지고 모두 원수의 군중에 바치는 자가 끊이지 않았다.

약 원수가 아리안 성의 십 리 밖에 이르러 진을 치고 적진을 살피니 산과 들에 들어선 것이 모두 영국 군사들로서, 가치창검은 일광을 가리고 금고함성은 천지를 진동하는데, 일편 외로운 성에는 살기가 참담하였다. 원수는 제 장수들을 불러 상의하되,

"이제 영국 군사들의 형세가 심히 굉장하며 낱낱이 날래고 싸움 잘하는 군사들일 뿐더러 병기도 다 정리하여 놓으니 형세로 하면 능히 이기지 못할 것이다. 우리는 다만 애국 열혈로 빈 주먹만 쥐고 죽기를 무릅써 일제히 앞으로 나아갈 따름이니 비록 칼과 창이 수풀 같고 화살과 탄환이 비 오듯 할지라도 한 걸음도 물러설 생각을 말고 다만 앞으로 나아가야 하오."

하고는 각각 군장을 단속하여 적진으로 달려드니 사람마다 애국하는 열혈이 분발하여 죽을 마음만 있고 살 생각은 없으므로 날랜 기운이 충

천하여 하나가 백을 당할 듯하였다.

영국의 군사가 아무리 많고 날래다 하더라도 이렇게 죽기로 싸우는 사람을 어찌 당하겠는가. 원수의 들어오는 형세는 바다에 조수 밀리듯 하므로 영국 군사가 자연히 한편으로 헤어지며 분분히 흩어졌다.

각설하고, 이 때 아리안 성이 포위를 당한 지 이미 일곱 달이라, 타처 군사들이 구원하지 않고 군량 지원도 끊겨 장졸들이 다 주리고 궁핍하여 형세는 심히 위태로워 장차 하루 아침에 함몰될 지경이었다. 비호로 공작은 근심을 이기지 못하여 홀로 성루에 올라 적진을 살폈는데, 홀연 어떤 장수가 금개은갑으로 백마에 높이 앉아 오른손으로 장검을 두르며 왼손으로 몸기를 잡고 군사를 몰아 비호같이 들어오는데, 영국 군사들이 분분히 추풍낙엽처럼 흩어지며 물결같이 헤어지고 있었다.

공작은 크게 놀라,

"어떠한 장수가 저렇듯이 영웅인고, 혹 꿈인가?"

하고는 눈을 씻고 자세히 살펴보니 일개 여장군이 분명하였다. 대단히 의심하던 차에 원수는 벌써 성문에 이르러 공작이 급히 문을 열고 원수를 맞아 전후 사정을 낱낱이 들으니 모두 원수의 애국충의를 흠탄하여 말하기를,

"원수는 천고 여자 중의 영웅이요 절세 호걸이라, 원수가 아니면 우리 아리안 성 안의 사람들은 다 도마 위에 고기가 될 것이요, 불란서국이 다 멸망할 것을 하늘이 원수를 보내시어 우리 불란서국을 구제하심이오."

라 하였다. 곧이어 손을 잡고 술을 내어 군사들의 사기를 높이고자 하였으나, 원수가 이르기를,

"적군이 아직 성 밖에 있으니 내 마땅히 힘을 다하여 적병을 소탕하고 강토를 회복한 후에 국왕을 받들고 군신이 일체가 되어 쾌락하게 하겠소."

하고는 즉시 황금갑옷을 입고 백마에 올라 오른손에 칼을 잡고 왼손에 몸기를 들어 군사를 지휘하며 성문을 열고 내달아 좌충우돌하니 영국 장군이 군사를 나누어 좌우 날개를 펴 맞아 싸우거늘, 원수가 기병을 몰아 그 가운데로 돌격하는데, 영국 장수가 다투어 원수를 사로잡고자 하여 사면으로 분주하게 몰려드니 원수는 몸이 나는 제비같이 동에 번쩍 서에 번쩍 칼빛이 번뜩하면 적병의 머리가 낙엽같이 떨어졌다.

영국 장졸들은 정신이 현란하여 진이 어지럽고 대열을 잃고 말았다. 원수가 그제야 기병을 돌려 좌우로 치고 또한 보병을 불러 앞뒤로 공격하니 영국군이 대패하여 분분히 도망하였다. 원수가 그 군량과 무기를 모두 빼앗아 성 안에 들여 오는데, 성 안에 있던 장졸들이 오랫동안 굶주리다가 무수한 양식을 보고, 또한 영국군의 패함을 보고 모두 만세를 부르는 소리가 우레같이 일어나며 용맹이 백배 더하였다.

원수가 이튿날 또 영국군과 싸워 수십 합에 영국군이 또 패하여 도망하자 원수는 장수들을 거느리고 뒤를 쫓아 공격하다가 별안간 복병이 일어나며 화살이 비 오듯 하였지만 원수는 겁내지 않고 좌우로 음살하다가 홀연 화살이 날아와 왼팔을 맞히며 원수가 말에서 떨어졌다.

영국군 장수들이 원수가 가졌던 몸기를 빼앗아 도망하므로 원수는 홀연 몸을 솟구쳐 말 안장에 뛰어오르며 오른손으로 화살을 빼 버리고 금포 자락을 찢어 팔을 싸고 나는 듯이 말을 달려 영국 장수를 베고 몸기를 도로 빼앗아 본진으로 돌아오니 양국 군사가 바라보다가 모두 이르기를 '원수는 귀신이요, 사람이 아니다.' 하였다.

이 때 영국 새가로 장군이 불란서국에 여러 번 패하자 필경 이기지 못할 줄을 알고 남은 군사를 거두어 라아로 강을 건너 도망하니, 이 때는 일천사백이십구 년 오월 팔일이었다. 이에 아리안 성의 포위는 풀리고 불란서국 사람들이 약 원수의 공을 생각하여 약 원수의 별호를 아리안이라 부르고 큰 비를 세워 약 원수의 공을 새겨 천추만세에 기념하며 손을 잡고 술을 빚어 삼일을 크게 잔치를 벌이며 만세를 부르며 무한히 즐거워하니 이로부터는 원수의 명령을 복종하지 않는 사람이 없었다. 정히 일조에 능히 중흥할 업을 심으니 만세에 오래 불망할 비를 세웠도다.

제 9 회

차설하고, 아리안 성에서는 약 원수를 위하여 삼일 동안 크게 잔치를 벌이고 군사를 쉬게 하였다. 이 때 약 원수가 이르기를,

"지금 우리 대왕이 아직 가면의례를 행하지 못하였으니, 내 마땅히 강을 건너 영국군을 소탕하고 리목 성을 찾아 대왕의 즉위례를 행하리라."

하고는 즉시 군사 수만을 이끌고 라아로 강을 건너 리목 성을 향하니 이 때는 추칠월 망간이었다. 가을 바람은 삽삽하고 들꽃은 창창한데 한 곳에 당도하니 남녀 노소 수천 명이 수풀 아래에 누워 호곡하는 소리가 심히 슬펐다. 원수가 그 연고를 물으니 모두 통곡하며 말하였다.

"우리는 다 아모 고을에 사는데 태수가 영국에 항복하며 영국 군대를 성 안에 들여 백성의 양식을 탈취하며 부녀를 겁간하여 부지할 길이 전혀 망연하옵기로 우리가 일제히 남부여대하고 각자 도생하여 장차 아리안 성으로 향하였는데 중도에 기갈이 들어 이 곳에 누웠습니다."

원수가 이 말을 듣고 측은히 여겨 양식을 주어 기갈을 면케 하고 군사에게 명하여 아리안 성까지 호송하게 한 후, 그 날 밤 삼경에 영국군의 진영으로 달려들어 음상하니 원수가 선봉이 되어 공격하자 영국 군사들이 대패하여 사방으로 흩어졌다. 원수가 뒤를 쫓아 크게 계속 공격하여 영국군 대장 대이박을 사로잡아 성에 들어가 인민을 위로하며 어루만지고 항복한 관원을 잡아 군문에 효시하였다.

익일에 또 발행하여 리목 성을 공격하고 영국 군사를 무수히 죽이니

군사들의 위엄이 크게 진동하였다. 가는 곳마다 대적할 적들이 없어 영국 군사를 몰아 내니 사방에 돌아와 항복하는 자들이 분분하여 잃었던 성을 다시 찾고 항복하였던 고을을 도로 다 찾아 거의 강토를 회복하였다. 이에 원수는 불란서국 왕을 맞아 리목에 이르러 장차 가면의례를 행하니 날을 택하되 곧 동시월 팔일이었다. 원수가 각 도 각 성에 글을 내려 왕의 가면함을 반포하니, 이 때 각 지방에 있는 관원이나 백성들이 다만 영국군만이 있는 줄로 알고 영국 군사들에게 복종하여 불란서국왕이 있음을 모르다가 이제 공문이 전파되자 비로소 국왕이 있는 줄을 알고 또한 원수의 위엄을 두려워하여 다투어 조회하니 이로부터 그 근처 각 성이 불란서국의 명령을 받들고 비로소 통하였다.

차설하고, 왕이 가면의례를 행하고 왕위에 올라 약안을 봉하여 공작을 삼아 상경의 위에 처하고 귀족에 참여하게 하자 약안은 군복을 입고 몸기를 잡고 엄연히 왕의 좌우에 모시니 불란서국 사람들이 보는 사람마다 눈물을 흘리며 서로 경사라고 일컬었다.

하루는 약안이 부모를 생각하고 돌아가고자 하여 왕에게 하직하여 말하였다.

"신이 본래 향곡에 빈한한 일개 여자로 간절히 나라 원수를 갚고 여러 인민의 재앙을 구제코자 나왔사오나 늙은 부모는 다른 자녀가 없고 다만 소신 하나 여자뿐이온데, 봉양할 사람도 없고 또한 천한 자식을 생각하는 마음이 주야로 간절하온지라 어찌 사정이 절박하지 않겠습니까. 이제 천행으로 하늘이 도우시고 폐하의 넓으신 복으로 아리안 성을 구제하고 잃어버린 강토를 태반이나 회복하고 영국의 장졸을 무수히 구축하여 부끄러움을 조금은 씻었사오며 리목 성을 찾아 폐하께서 즉위하시어 가면의례를 행하셨으니 신의 지원을 조금은 이루었나이다. 오늘은 고향에 돌아가 부모를 섬기려 하오니 바라옵건대 폐하께서는 생각하옵소서."

약안의 눈물이 잠잠히 흘러 적삼을 적시었다. 이 말을 들은 불란서국 왕이 간절히 만류하며 말하였다.

"경이 아니면 짐이 어찌 오늘날 있으리요. 경의 은혜 하해와 같으나 다만 경 곧 없으면 적병이 또 들어와 분탕할 것이요, 지금까지 파리 성도 회복하지 못하였으니 청컨대 경은 짐을 위하여 조금 더 머물러 파리 성이나 회복하고 돌아가는 것이 짐의 간절한 바램이오."

이렇게 왕은 재삼 간청하였다. 약안은 본래 충의 심장이기에 왕의 간청함을 듣고는 차마 떨치지 못하고 부득이 허락하고는 부모에게 글을 올려 사정을 고하였다. 정히 비록 공명은 일세에 빛날지라도 충과 효 둘 다 전하기는 어렵도다.

제 10 회

차설하고, 이 때는 일천사백삼십 년이었다. 약안이 다시 원수가 되어 대군을 이끌고 파리 성을 회복하고자 하여 북방으로 향하여 나아갈 때 영국이 다시 군사를 도발하여 불란서국을 평정코자 하였다. 약안이 적장과 서로 싸워 여러 차례 영국군을 파하고 점점 파리 성으로 가까이 나아갔는데, 마침 강변 성의 수장이 사신을 보내어 구원을 청하였다.

"지금 영국군 수만이 본성을 철통같이 포위하고 양식의 길을 끊으며 성 안에 있는 수십만 생명이 장차 물 마른 못 가운데 고기와 같사오니 원수께서는 급히 구해 주옵소서."

원수가 군사를 몰아 강변 성에 들어가 장졸을 위로하고 이튿날 싸우고자 하였는데, 이 때 영국군이 약 원수가 강변 성 안으로 들어가는 것을 보고 각처 군사를 모아 더욱 엄중히 포위하고 구원하고자 하는 길을 끊었다.

그 이튿날 원수가 날랜 군사 육백 명을 거느리고 성 밖으로 나아가 적군과 싸울 때, 원수의 수하 대군은 다 멀리 있고, 원수는 다만 육백 명을 거느리고 강변 성에 들어왔다가, 다만 육백 명만으로 영국군의 수만 군사를 대적하려 하였으니 어찌 적은 군사가 많은 군사를 당하겠는가. 싸우다가 필경 원수의 군사가 패하여 달아나므로 원수는 할 수 없이 몸기를 두르며 홀로 뒤에 서서 후진이 되어 오는 적병을 대적하니 영국 군사들이 감히 쫓지 못하고 오히려 스스로 물러갔다. 원수의 군사가 성문에 들어감을 보고 그제야 말을 달려 성문에 이르렀으나 성문은 닫혀 있었다. 원수가 크게 불러 문을 열라고 하여도 응하는 자가 없었다.

대저 이 때 영국군이 여러 번 패하여 장졸들을 무수히 잃고는 분통한 한이 뼈에 사무쳐 약안을 구하여 죽이고자 하되 방책이 없었으나, 이에 비밀히 금백을 많이 내어 강변 성의 수장에게 뇌물을 주고는 그로 하여금 거짓 위급한 체하여 약안에게 구원을 청하였다가 문을 닫고 미리 힘센 군사로 하여금 성 밖에 매복하고 함정을 놓아 약안을 잡은 것이었다.

불이간당의 수장이 약안을 꾀어 영국군에게 중금을 받고 팔아먹은 것으로 영국군은 크게 기뻐하여 약안을 잡아다가 높은 망루에 두고 장차 죄를 얽어 죽이고자 하였다. 약안이 틈을 보아 높은 집 위에서 떨어져 죽기로 작정하되 이내 죽지 못하고 도리어 발각당하여 로앙 성의 토굴 안에 깊이 가두고 학대가 심하였으며 백방으로 죽일 계획을 생각하였으나 무슨 죄명을 얽을 수가 없어 다만 그 신술을 가탁하고 우둔한 백성을 선동하였다 하니 이는 요망한 죄라고 하여 죽이려 하되 복종하지 않았다. 이에 법교 대심원으로 보내어 심판 처결하라 하니 법교원에서 여러 차례 심사하되 약안이 오히려 응연히 굴하지 않고 호령하였다.

"나는 비록 여자이나 일단 애국 열심으로 나라를 위하여 부끄러운 욕을 씻고 적국을 물리쳐 인민의 환란을 구할 목적으로 국민을 고동하여 충의를 격발케 하고 죽기를 무릅써 시선을 피하지 않고 전장에 종사함이 곧 국민의 책임이거늘 어찌 요술의 죄를 더하겠는가. 결단코 복종치 못하리라."

영국 사람이 그 불복함을 어찌할 수 없어 비밀히 꾀를 내어 약안을 정한 곳으로 옮겨 가두고 거짓 사나이 복장으로 약안의 평시와 같이 새 옷을 꾸며 약안의 앞에 버려 놓으니 약안이 그 새 옷을 보고 왕사를 추측하였다.

"나도 한때는 포다리고 장군과 불란서 국왕을 뵈올 때 저러한 의복을 입었더니 이제 옛날 풍의가 일분도 없도다."

이렇게 스스로 탄식할 때에 그 곁에 소환하는 계집아이가 간절히 청하였다.

"낭자께서 절한 의복을 입고 불란서 국왕을 뵈러 가실 때 그 풍채의 운장하심을 세상이 다 흠탄하고 사람마다 한번 보기를 원한다 하오니 원컨대 낭자는 저 복장을 한번 입으시면 내 한번 낭자의 옛날 풍채를 보고자 하나이다."

재삼 간청하거늘 약안이 그것을 계교인 줄 알지 못하고 그 의복을 갖추어 입고 그림자를 돌아보며 스스로 어여삐 여겨 노래하고 춤춘 신세를 슬퍼하였다.

영국 사람이 그 곁에서 엿보다가 이것으로 요술의 증거를 잡아 드디어 좌도요망으로 사람을 혹하게 하는 법교를 패란케 한다는 법률에 처하여 로앙 시에 보내어 화형에 처하니 곧 일천사백삼십일 년 구월이었다. 그 후에 불란서 국왕이 약안의 죽음을 듣고 슬퍼함을 마지아니하여 그 가족을 불러 벼슬을 주어 귀족이 되게 하고 상금을 주셨다. 불란서 국 사람이 또한 각각 재물을 내어 빛나고 굉장한 비를 그 죽던 땅에 세워 그 공적을 기념하고 불란서국 백성이 지금까지 약안을 높이고 사모함이 부모같이 여기고 있더라. 정히 가련하다. 장대한 영웅의 여자가 옥이 부러지고 구슬이 잠김은 국민을 위함이로다. 붉은 분총 중에 이같은 사업은 꽃다운 이름이 몇 분이나 전하는고.

대저 약안은 불란서국 농가의 여자라. 어려서부터 천성이 총민하므로 능히 애국의 충의를 알고 항상 스스로 분발 열심하여 나라 구함을 지원하나, 그 때 불란서국 인심이 어리석고 비루하여 풍속이 신교를 숭상하고 미혹한 마음이 깊으므로 약안이 능히 이팔청춘의 여자로 국사를 담당코자 하되 인심을 수습하여 위엄을 세워 온 세상 사람을 격발시켜 국권을 회복코자 할 때에 불가불 신통한 신도에 가탁하여 황당한 말과 신기한 술법이 아니면 그 백성을 고동하지 못할 것인 고로 상제의 명령이라 천신의 분부라 칭탁함이요, 실로 상제의 명령이 어찌 있으며 천신의 분부가 어찌 있으리요.

그런즉 총명 영민함은 실로 천고에 드문 영웅이라. 당시에 불란서국의 온 나라가 다 영국의 군병에게 압제당하는 바가 되어 도성을 빼앗기고 임금이 도망하여 정부와 각 지방 관리들이 다 영국에 붙어 항복하고 복종하며, 인민들은 다 머리 숙이고 기운을 잃고 마음이 재가 되어 애국심이 무엇인지 충의가 무엇인지 모르고 다만 구명도생으로 상책을 삼아 부끄러운 욕을 무릅쓰고 남의 노예와 소, 말이 되기를 감심하여 나라가 점점 멸망하였으니 다시 약이 없다 하는 이 시절에 약안이 홀로 애국심을 분발하여 몸으로 희생을 삼고 나라 구할 책임을 스스로 담당하여 한 번 고동에 온 나라 상하가 일제히 불같이 일어나 백성의 기운을 다시 떨치고 다 망한 나라를 다시 회복하여 비록 자신의 몸은 적국에 잡힌 바가 되었으나 이것으로 인해 인심이 일층이나 더욱 분발격동하여 마침내 강한 영국을 물리치고 나라를 중흥하여 민권을 크게 분발하고 지금 지구상 제일등에 가는 강국이 되었으니 그 공이 다 약안의 공이 아니겠는가.

오륙백 년을 전하면서 불란서국 사람들이 남녀 없이 약안의 거룩한 공업을 기념하여 흠앙하는 것이 어찌 그렇지 아니하리오. 슬프다. 우리 나라도 약안 같은 영웅호걸과 애국충의의 여자가 혹 있는가.

신채호

꿈하늘

꿈하늘

서

〈꿈하늘〉이라는 이 글을 짓고 나니 꼭 독자에게 할 말씀이 세 가지가 있습니다. 첫째는 한놈은 원래 꿈놈이므로, 근일에는 더욱 꿈이 많아 긴 밤에 긴 잠이 들면 꿈도 그와 같이 깊어 잠과 꿈이 서로 뒤섞입니다. 또 그뿐 아니라 멀건 대낮에 앉아 두 눈을 멀뚱멀뚱히 뜨고도 꿈 같은 지경이 많아 넘나라에 들어가 단군께 절도 하고 번개로 칼을 삼아 평생 미워하는 놈의 목도 끊어 보고, 비행기도 아니 타고 몸이 훨훨 날아 만리 장천에 돌아다니며 노랑이, 거먹이, 흰둥이, 붉은둥이를 한 집에 모아 놓고 노래도 하여 보니 한놈은 벌써부터 꿈나라의 백성이니, 독자 여러분이시여, 이 글을 꿈꾸고 지은 줄 아시지 말으시고 곧 꿈에 지은 글로 아시옵소서.

둘째는 글을 짓는 사람들이 흔히 계획이 있어 먼저 머리는 어떻게 내리라, 가운데는 어떻게 버리리라, 꼬리는 어떻게 마무르리라는 대의를 잡은 뒤에 붓을 댄다지만 한놈의 이 글은 아무 계획이 없이 오직 붓끝 가는 대로 맡기어, 붓끝이 하늘로 올라가면 하늘로 따라 올라가고, 땅

속으로 들어가면 땅 속으로 따라 들어가고, 앉으면 따라 앉으며, 서면 따라 서서, 마디마디 나오는 대로 지은 글이니 독자 여러분이시여, 이 글을 볼 때 앞뒤가 맞지 않는다, 위아래의 문체가 다르다, 그런 말은 말으소서.

셋째는 자유 못 하는 몸이니 붓이나 자유하자고 마음대로 놀아 이 글 속에서는 미인보다 향내 좋은 꽃과도 이야기하며, 평시에 사모하던 옛 성현과 영웅들도 만나 보며, 오른팔이 왼팔도 되어 보며, 한놈이 여덟 놈도 되어, 너무 사실에 가깝지 않은 시적이고 신화적인 이야기도 있지만, 그 가운데 들어 말한 역사상의 일은 낱낱이 〈고기〉나 〈삼국사기〉, 〈삼국유사〉, 〈고려사〉, 〈광사〉나 〈역사〉 같은 속에서 참조하여 쓴 말이니 독자 여러분이시여, 섞지 말고 갈라 보소서. 독자에게 할 말씀은 끝났습니다만, 이제 저자 자신의 할 말이 두 가지가 있습니다.

첫째는 책 짓는 사람들이 모두 그 책을 많이 사보면 하는 마음이 있지만 한놈은 이 마음이 없습니다. 다만 바라는 바 이 우리 안 어느 곳에 든지 한놈같이 어리석어 두 팔로 태백산을 안으며, 한 입으로 동해물을 말리고, 기나긴 반만 년 시간 안의 높은 뫼, 낮은 골, 피는 꽃, 지는 잎을 세면서 넋이 없이 앉아 눈물 흘리는 또 한놈이 있어 이 글을 보면 할 뿐입니다.

둘째는 책 짓는 사람들이 흔히 그 책으로 무슨 영향이 있으면 하지만, 한놈은 그러하지 않습니다. 다만 바라는 바 이 글을 보는 이가 우리나라도 미국 같아져라, 독일 같아져라 하는 생각이나 없으면 할 뿐입니다.

단군 4249년 3월 18일(1916년) 한놈 씀

1

때는 단군* 기원 4240년(서기 1907년) 몇 해 어느 달 어느 날이던가, 땅은 서울이던가 시골이던가 해외 어디던가 도무지 기억할 수 없는데, 이 몸은 어디로부터 왔는지 듣지도 보지도 못하던 크나큰 무궁화나무 몇만 길 되는 가지 위, 넓기가 큰 방만한 꽃송이에 앉았더라.

별안간 하늘 한복판이 딱 갈라지며 그 속에서 불그레한 광선이 뻗쳐 나오더니 하늘에 테를 지어 두르고 그 위에 뭉글뭉글한 고운 구름으로 갓을 쓰고 그 광선보다 더 고운 빛으로 두루마기를 지어입은 한 천관이 앉아 오른손으로 번개칼을 휘두르며 우레 같은 소리로 말하여 가로되,

"인간에게는 싸움뿐이니라. 싸움에 이기면 살고 지면 죽나니 신의 명령이 이러하다."

그 소리가 딱 그치자 광선도 천관도 다 간 곳이 없고 햇살이 탁 퍼지며 온 바닥이 번뜻하더니 이제는 사람의 소리가 시작된다.

동쪽으로 닷동다리 갖춘* 빛에 둥근 테를 두른 오원기가 뜨며 그 깃발 밑에 사람이 덮여 오는데 머리에 쓴 것과 몸에 치장한 것이 모두 이상하나 말소리를 들으니 분명한 우리 나라 사람이요, 다만 신체의 건장함과 위풍의 늠름함이 전에 보지 못한 이들이라.

또 서쪽으로 왼쪽에 용, 오른쪽에 봉을 그린 그 밑에 수백만 군사가 몰려오는데 뿔 돋친 놈, 꼬리 돋친 놈, 목 없는 놈, 팔 없는 놈, 처음 보는 괴상한 물건들이 달려들고 그 뒤에는 찬바람이 탁탁 치더라. 이 때에 한놈이 두려운 마음이 없지 않으나 뜨는 호기심이 버럭 나 곧 무궁

---

* 단군(檀君) 우리 나라의 시조로 받드는 최초의 임금(기원전 2400년 경). 단군 조선의 왕조.
* 닷동다리 갖춘 오색을 두루 다 갖춘.

단군

화 가지 아래로 내려가 구경코자 했더니 꽃송이가 빙글빙글 웃으며,

"너는 여기 앉았거라. 이 곳을 떠나면 천지가 캄캄하여 아무것도 안
보이리라."

하거늘 들던 궁둥이를 다시 붙이고 앉으니 난데없는 구름장이 어디서
떠들어와 햇빛을 가리우며 소나기가 놀란 듯 퍼부어 평지가 바다가 되
었는데, 한편으로 우르르 꽝꽝 소리가 나며, 모질다는 글자만으로는 형
용하기 어려운 큰 바람이 일어 나무를 치면 나무가 꺾어지고 돌을 치면
돌이 날고, 집이나 산이나 닥치는 대로 부수는 그 기세로 바다를 건드
리니, 바람도 크지만 바다도 큰 물이라, 서로 지지 않으려고 바람이 물
을 치면 물도 바람을 쳐 바람과 물이 공중에서 접전할 때 미리(용)가 우
는 듯, 고래가 뛰는 듯, 천병만마가 달리는 듯, 바람이 클수록 물결이
높아 온 지구가 들먹들먹 하더라.

"바람이 불거나 물결이 치거나 우리는 우리대로 싸워 보자."

하는 소리가 들리더니 아까 보던 동쪽의 오원기와 서쪽의 용봉기 밑에
모여 있는 장졸들이 눈들을 부릅뜨고 서로 죽이려 달려드니, 바다에는
바람과 물의 싸움이요, 물 위에는 두 편 장졸들의 싸움이더라.

그러나 이 싸움은 동양 역사나 서양 역사에서 보던 싸움이 아니니라.
싸우는 사람들이 손에는 아무 연장도 가지지 않고 오직 입을 딱딱 벌리
면 목구멍에서 불도 나오며 물도 나오며 칼도 나오며 화살도 나와, 칼
이 칼과 싸우며, 활이 활과 싸우며 불과 불이 서로 치다가 나중에는 사
람을 맞히니, 그 맞은 사람은 목이 떨어지면 팔로 싸우며, 팔이 떨어지
면 또 다리로 싸우다가 끝끝내 살이 다 떨어지고 뼈가 하나도 없이 부
서져야 그만두는 싸움이라. 몇 시 몇 분이 못 되어 주검이 천리나 덮이
고 비린내로 땅에 코를 돌릴 수 없으며, 피도 하도 뿌려 하늘까지 빨갛
게 물들었도다. 한놈이 이를 보고 우주가 이같이 참혹한 마당인가 하여
차마 보지 못해 눈을 감으니 꽃송이가 다시 빙글빙글 웃으며,

"한놈아 눈을 떠라! 네 이다지 약하냐? 이것이 우주의 본래 모습이니라. 네가 안 왔으면 하릴없지만 이미 온 바에는 싸움에 참가하여야 하나니, 그렇지 않으면 도리어 너의 책임만 방기하느니라. 한놈아 눈을 빨리 떠라."

하거늘 한놈이 하릴없이 두 손으로 눈물을 닦고 눈을 들어 살피니 그 사이에 벌써 싸움이 끝났는지 천지가 괴괴하며 비바람도 또한 멀리 간지라.

해는 발끈 들어 온 바닥이 따뜻한데 깊은 구름을 헤치고 신선의 풍류 소리가 내려오니 이제부터 참혹한 소리는 물러가고 평화의 소리가 대신함인가 보더라. 이 소리 밑에 나오는 사람들은 곧 별사람들이 아니라 아까 오원기를 받들고 동쪽 편에 섰던 장졸들이니, 아마 서쪽 편을 깨쳐 수백만 적병을 씨없이 죽이고 승전고를 울리며 돌아옴이라.

한 대장이 앞머리에서 인도하는데 금화절풍건* 쓰고 어깨엔 어린장* 이며 몸엔 조의를 입었더라. 그 얼굴이 맑은 듯 위엄 있고 매운 듯 인자하여 얼른 보면 부처 같고 일변으로는 범 같아, 보기에 사랑스럽기도 하고 무섭기도 하더라.

그가 한놈이 앉은 무궁화나무로 오더니 문득 꽃을 보고 눈물을 흘리며,

"허허 무궁화가 피었구나."

하더니 장렬한 음조로 노래를 한 곡 한다.

이 꽃이 무슨 꽃이냐.
희어스름한 머리(백두산)의 얼이요
불그스름한 고운 아침(조선)의 빛이로다.

---

* 금화절풍건(金花折風巾) 빛나는 꽃이 바람에 날리는 장식을 한 두건.
* 어린장(魚鱗章) 물고기 비늘 모양의 견장.

이 꽃을 북돋우려면
비도 맞고 바람도 맞고 피 물만 뿌려 주면
그 꽃이 잘 자라리.
옛날 우리 전성할 때에
이 꽃을 구경하니 꽃송이 크기도 하더라.
한 잎은 황해 발해를 건너 대륙을 덮고
또 한 잎은 만주를 지나 우수리에 늘어졌더니
어이해 오늘날은
이 꽃 이다지 야위었느냐
이 몸도 일찍 당시의 살수 평양 모든 싸움에
팔뚝으로 빗장 삼고 가슴이 방패되어
꽃밭에 울타리 노릇해
서방의 더러운 물이
조선의 봄빛에 물들지 못하도록
젖먹은 힘까지 들였도다.
이 꽃이 어이해
오늘은 이 꼴이 되었느냐.

한 곡 노래를 다 마치지 못한 모양이나 목이 메어 더하지 못하고 눈물에 젖으니, 무궁화 송이도 그 노래에 무슨 느낌이 있었던지 같이 눈물을 흘리며 맑은 노래로 화답하는데,

봄비슴의 고운 치마 님이 내게 주시도다.
님의 은덕 갚으려 하여
내 얼굴을 쓰다듬고 비바람과 싸우면서
조선의 아름다움 쉬임 없이 자랑하려고

나도 이리 파리하다.
영웅의 시원한 눈물
열사의 매운 핏물
사발로 바가지로 동이로 가져오너라.
내 너무 목마르다.

그 소리 더욱 아프고 저리어 완악한 돌이나 나무들도 모두 일어나 슬픔으로 서로 화답하는 듯하더라. 꽃송이 위에 앉았던 한놈은 두 노래 끝에 크게 느끼어 땅에 엎드러져 울며 일어나지 못하니 꽃송이가 또 가만히,

"한놈아."
부르며 꾸짖되,

"울음을 썩 그쳐라. 세상일은 슬퍼한다고 잊는 것이 아니니라."
하거늘 한놈이 고개를 들어 좌우를 살피니 아까 노래하던 대장이 곧 앞에 섰더라. 그 얼굴을 자세히 뜯어보니 마치 언제 뵈온 어른 같다. 한참 서슴다가,

"아 이제야 생각나는구나. 눈매듭과 이맛살과 채수염이며, 또 장식한
것을 두루 본즉, 일찍 평안도 안주 남문 밖 비석에 새겨져 있는 조각
상과 같으니, 내가 꿈에라도 한번 보면 하던 을지문덕이신저."
하고 곧 일어나 절하며 무슨 말을 물으려 하나 무엇이라고 호칭할는지 몰라 다시 서슴으니 이상하다.

을지문덕 그이는 단군 2000년경(서기 전 333년)의 어른이요, 한놈은 단군 4241년(서기 1908년)에 난 아기라.

그 어간이 이천 년이나 되는데 이천 년 전의 어른으로 이천 년 뒤의 아기를 만나 자애스런 품이 마치 친구나 집안 같다. 그이가 곧 한놈을 향하여 웃으시며,

"그대가 나의 호칭을 서슴느냐, 곧 선배라 부름이 가하니라. 대개 단군이 태백산에 내리어 삼신오제를 위하여 삼경오부*를 베풀고 이를 만세 자손으로 하여금 지키게 하려 하실 새, 삼부오계*로 윤리를 세우시며 삼랑오가*로 교육을 맡게 하시니 이것이 우리 나라 종교적 무사혼*이 발생한 처음이니라. 이 혼이 삼국시대에 와서는 드디어 꽃 피듯 불 붙는 듯하여 사람마다 무사를 높이어 절하고 서로 아름다운 이름을 지어 자랑할 새, 신라는 소년 무사를 사랑하여 '도령'이라 이름하니, 삼국사기에 적힌 '선랑'이 그 뜻 번역이요, 또 백제는 장년 무사를 사랑하여 '수두'라 이름하니 삼국사기에 적힌 바 '소도'가 그 음 번역이요, 고구려는 군자스러운 무사를 사랑하여 '선배'라 이름하니, 삼국사기에 적힌 바 '선인'이 그 음과 뜻을 아울러 한 번역이라. 이제 나는 고구려의 사람이니 그대가 나를 선배라 부르면 가하리라."

한놈이 이에 다시 고구려의 절로, 한 무릎을 세우고 한 무릎은 꿇어 공손히 절한 뒤에,

"선배님이시여, 아까 동쪽 서쪽에 갈라서서 싸우던 두 진이 다 어느 나라의 진입니까?"

물은데, 선배님이 대답하되,

"동쪽은 우리 고구려의 진이요, 서쪽은 수나라의 진이니라."

한놈이 놀라며 의심스러운 빛으로 앞에 나아가 가로되,

"한놈은 듣자오니 사람이 죽으면 착한 이의 넋은 천당으로 가며, 모진 이의 넋은 지옥으로 간다더니 이제 그 말이 다 거짓말입니까? 그러면 영계도 육계와 같아 항상 칼로 찌르며 총으로 쏘아 서로 죽이는 참상이 있습니까?"

---

* 삼경오부(三京五部)·삼부오계(三部五戒)·삼랑오가(三郎五加) 가상의 행정 구역 명칭들.
* 무사혼(武士魂) 씩씩한 무인의 기백.

선배님이 허허 탄식하며 하시는 말이,

"그러하니라, 영계는 육계의 그림자이니 육계에 싸움이 그치지 않는 날에는 영계의 싸움도 그치지 않느니라. 저 종교가의 시조인 석가나 예수가 천당이니 지옥이니 한 말은 별도로 뜻을 붙인 곳이 있거늘 어리석은 사람들이 그 말을 집어먹고 소화가 못 되어 망국멸족의 모든 병을 앓는도다. 그대는 부디 내 말을 새겨들을지어다. 소가 개를 낳지 못하고, 복숭아나무에 오얏 열매가 맺지 못하나니 육계의 싸움이 어찌 영계의 평화를 낳으리오? 그러므로 육계의 아이는 영계에 가서도 아이요, 육계의 어른은 영계에 가서도 어른이요, 육계의 상전은 영계에 가서도 상전이요, 육계의 종은 영계에 가서도 종이니, 영계에서 높다, 낮다, 슬프다, 즐겁다 하는 도깨비들이 모두 육계에서 받은 꼴과 한가지라. 나로 말하더라도 일찍 살수 싸움의 승리자 되므로 오늘 영계에서도 항상 승리자의 자리를 차지하고, 저 수나라 왕 양광은 그 때 패전자가 되었으므로 오늘도 이와 같이 패하여 군사를 이백만이나 죽이고 슬피 돌아감이어늘, 이제 망한 나라의 종자로서 혹 부처에게 빌며 상제께 기도하며 죽은 뒤에 천당을 구하려 하니 어찌 눈을 감고 해를 보려 함과 다르리오."

을지 선배의 이 말이 그치자마자, 하늘에 붉은 구름이 일어나 스스로 글씨가 되어 씌었으되 '옳다 옳다 을지문덕의 말이 참 옳다. 육계나 영계나 모두 승리자의 판이니 천당이란 것은 오직 주먹 큰 자가 차지하는 집이요, 주먹이 약하면 지옥으로 쫓기어 가느니라' 하였더라.

2

1. 왼 몸이 오른 몸과 싸우다.
2. 살수 싸움의 정형이 이러하다.

3. 을지문덕도 암살당을 조직하였더라.

4. 사법명이 구름을 타고 지나가다.

한놈이 일찍 내 나라 역사에 눈이 뜨자 을지문덕을 숭배하는 마음이 간절하나 그에 대한 전기를 짓고 싶은 마음이 바빠 미처 모든 글월을 참고하지 못하고 다만 〈동사강목〉에 적힌 바에 의거하여, 필경 전기도 아니요 논문도 아닌 '사천 년 제일대 위인 을지문덕'이라 한 조그마한 책자를 지어 세상에 발표한 일이 있었더라.

한놈은 대개 처음 이 누리에 내려올 때에 정과 한의 뭉텅이를 가지고 온 놈이라, 나면 갈 곳이 없으며, 들면 잘 곳이 없고, 울면 믿을 만한 이가 없으며, 굴면 사랑할 만한 이가 없어 한놈으로 와 한놈으로 가는 놈이라.

사람이 고되면 근본을 생각한다더니 한놈도 그러함인지 하도 의지할 곳이 없으며 생각나는 것은 조상의 일뿐이더라.

동명성왕의 귀가 얼마나 길던가, 진흥대왕의 눈이 얼마나 크던가, 낙화암에 떨어지던 미인이 몇이던가, 수나라 양제를 쏘던 장사가 누구던가, 동명성왕의 임류각의 높이가 백 길이 못 되던가, 진평왕의 성제대가 열발이 더 되던가. 동모(지금의 돈화 동쪽)의 높은 산에 대조영이 내조한 자취를 조상하며, 웅진의 가는 물에 계백 장군의 매움을 눈물하고, 소나무를 보면 솔거의 그림을 본 듯하며, 새소리를 들으면 옥보고의 노래를 듣는 듯하여 몇이 못 되는 골이 기나긴 오천 년 시간 속으로 오락가락하여 꿈에라도 우리 조상의 큰 사람을 만나고자 그리던 마음으로 이제 크나큰 을지문덕을 만난 판이니 묻고 싶은 말이며 하고 싶은 말이 어찌 하나둘뿐이리오마는, 이상하다. 그의 영계에 대한 이야기를 들으매 골이 펄떡펄떡하고 가슴이 어근버근하여* 아무 말도 물을 경황

---

* 어근버근하다 서로 마음이 맞지 아니하여 사이가 꽤 벌어져 있다. 여기서는 '가슴이 벌렁거리다', '심장이 쿵쿵 뛰다' 정도의 뜻으로 쓰인 듯.

이 없고, 의심과 무서움이 오월 하늘에 구름 모이듯 하더니 드디어 심신에 이상한 작용이 인다.

오른손이 저릿저릿하더니 차차 커져 어디까지 뻗쳤는지 그 끝을 볼 수 없고, 손가락 다섯이 모두 손 하나씩이 되어 길길이 길어지며, 그 손끝에 다시 손가락이 나며 그 손가락 끝에 다시 손이 되며, 아들이 손자를 낳고, 손자가 증손을 낳으니 한 손이 몇만 손이 되고, 왼손도 여봐란 듯이 오른손대로 되어 또 몇만 손이 되더니, 오른손에 달린 손들이 낱낱이 푸른 기를 들고 왼손에 딸린 손들은 낱낱이 검은 기를 들고 두 편을 갈라 싸움을 시작하는데, 푸른 기 밑에 모인 손들이 일제히 범이 되며 아가리를 딱딱 벌리며 달려드니, 검은 기 밑에 모인 손들은 노루가 되어 달아나더라. 달아나다가 큰 물이 앞에 꽉 막히어 하릴없는 지경이 되니 노루가 일제히 고기가 되어 물 속으로 들어간다. 범들이 뱀이 되어 쫓으니 고기들은 껄껄 푸드득 꿩이 되어 물 밖으로 향하여 날더라.

뱀들이 다시 매가 되어 쫓은즉, 꿩들이 넓은 들에 가 내려앉아 큰 매가 되니 뱀들이 아예 불덩이가 되어 매에 대고 탁 튀어, 매는 조각조각 부서지고 온 바닥이 불빛이더라.

부서진 매 조각이 하늘로 날아가며 구름이 되어 비를 퍽퍽 주니 불은 꺼지고 바람이 일어 구름을 헤치려고 천지를 뒤집는다. 이 싸움이 한놈의 손끝에서 난 싸움이지만 한놈의 손끝으로 말릴 도리는 아주 없다. 구경이나 하자고 눈을 비비더니 앉은 밑의 무궁화 송이가 혀를 차며 하는 말이,

"애닯다! 무슨 일이냐, 쇠가 쇠를 먹고 살이 살을 먹는단 말이냐?"

한놈이 그 말씀에 소름이 몸에 쫙 끼치며 입이 벙벙하니 앉았다가,

"무슨 말씀이십니까? 언제는 싸우라 하시더니 이제는 싸우지 말라 하십니까?"

하며 돌려 물으니, 꽃송이가 어여쁜 소리로 대답하되,

"싸우려거든 내가 남하고 싸워야 싸움이지, 내가 나하고 싸우면 이는 자살이요, 싸움이 아니니라."

한놈이 바싹 달려들어 묻되,

"내란 말은 무엇을 가리키는 말입니까? 눈을 크게 뜨면 우주가 모두 내 몸이요, 작게 뜨면 오른팔이 왼팔더러 남이라고 말하지 않습니까?"

꽃송이가 날카롭게 깨우쳐 가로되,

"내란 범위는 시대를 따라 줄고 느나니, 가족주의 시대에는 가족이 '내'요, 국가주의의 시대에는 국가가 '내'라. 만일 시대를 앞서 가다가는 발이 찢어지고 시대를 뒤져 오다가는 머리가 부러지나니, 네가 오늘 무슨 시대인지 아느냐? 그리스는 지방색으로 강국의 자격을 잃고, 인도는 부락사상으로 망국의 화를 얻으리라."

한놈이 이 말에 크게 느끼어 감사한 눈물을 뿌리고 인해 왼손으로 오른손을 만지니 다시 전날의 오른손이요, 오른손으로 왼손을 만지니 또한 전날의 왼손이더라. 곁에서 을지문덕이 햇빛을 안고 앉아서 〈신지비사〉의,

> 우리 나라는 저울과 같다.
> 부소* 서울은 저울 몸이요,
> 백아* 서울은 저울 머리요,
> 오덕* 서울은 저울 추로다.
> 모든 대적을 하루에 깨쳐,
> 세 곳에 나누어 서울로 하니,

---

* 부소(扶蘇) · 백아(百牙) · 오덕(五德) 옛 도읍의 이름들을 저울에 비유한 것임.

기울임 없이 나라되리니,

셋에 하나도 잃지 말아라.

를 외우더니, 한놈을 돌아보며 가로되,

"그대가 이 글을 아는가?"

한놈이,

"정인지가 지은 고려사 속에서 보았나이다."

하니 을지문덕이 가로되,

"그러하니라. 옛적에 단군이 모든 적국을 깨치고 그 땅을 나누어 세 군데 서울을 세울 때, 첫 서울은 태백산 동남 조선 땅에 두니 이른바 '부소'요, 다음 서울은 태백산 서편 만주 땅에 두니 이른바 '백아강'이요, 셋째 서울은 태백산 동북 만주 밑 연해주 땅에 두니 가로되 '오덕'이라. 이 세 서울 중에 하나라도 잃으면 후세 자손이 쇠약해지리라고 하사, 그 예언을 적어 신지에게 주신 바이어늘, 오늘에 그 서울들이 어디인 줄 아는 이가 없을 뿐더러 이 글까지 잊었도다. 정인지가 고려사에 이를 쓰기는 하였으나, 술사*의 말로 돌렸으니 그 잘못함이 하나요, 고려의 지리지를 좇아 단군의 삼경도 모두 대동강 이내로 말하였으니 그 잘못함이 둘이라."

한놈이,

"이 세 서울을 잃은 원인은 어디에 있습니까?"

하고 물으니, 을지문덕이 가로되,

"아까 권력이 천당으로 가는 사다리란 말을 잊지 않았느냐? 우리 조선 사람들은 이 뜻을 아는 이 적은 고로, 중국 이십일대사 가운데 대마다 조선열전이 있으며, 이 '인후' 두 자가 우리를 쇠하게 한 원인

＊술사(術師) 도술에 능통한 사람.

이라. 동족에 대한 인후는 흥하는 원인도 되거니와, 적국에 대한 인후는 망하게 하는 원인이 될 뿐이니라……."

3

…… (탈락) 한참 재미있게 을지문덕이 이야기하고 한놈은 듣는 판에 벌건 동쪽 하늘이 딱 갈라지며 그 곳에서 불칼, 불활, 불돌, 불총, 불대포, 불화로, 불솥, 불사자, 불개, 불고양이 떼들이 쏟아져 나오니, 을지문덕이 깜짝 놀라며,
"저것이 웬일이냐?"
하더니 무지개를 타고 재빨리 그 속으로 향하여 가더라.

4

가는 선배님을 붙들지도 못하며 내 몸으로 쫓아가려고 해도 쫓지 못하여 먹먹하게 앉은 한놈이,
"나는 어디로 가리오?"
하니 주인으로 있는 꽃송이가 고운 목소리로,
"네가 모르느냐? 님(神)과 도깨비(魔)의 싸움이 일어 을지 선배님이
가시는 길이다."
한놈이 깜짝 기뻐하며,
"나도 가게 하시옵소서."
하니 꽃송이가,
"암 그럼 가야지, 우리 나라 사람이 다 가는 싸움이다."
한놈이,
"그대로 가면 어떻게 가리까?"

물으니 꽃송이가,

　"날개를 주마."

하므로 한놈이 겨드랑이 밑을 만져 보니 문득 날개 둘이 달렸더라. 꽃송이가 또,

　"친구와 함께 가거라."

하거늘 울어도 홀로 울고, 웃어도 홀로 웃어 사십 평생에 친구 하나 없이 자라난 한놈이 이 말을 들으매 스스로 눈에 눈물이 핑 돈다.

　"친구가 어디 있습니까?"

하니,

　"네 하늘에 향하여 한놈을 부르라."

하거늘, 한놈이 힘을 다하여 머리를 들고 한놈을 부르니 하늘에서,

　"간다."

대답하고, 한놈 같은 한놈이 내려오더라. 또,

　"네가 땅에 향하여 한놈을 부르라."

하거늘 한놈이 또 힘을 다하여 머리를 숙이고 한놈을 부르니 땅속에서,

　"간다."

대답하고 한놈 같은 한놈이 솟아나더라. 꽃송이가 시키는 대로 동편에 불러 한놈을 얻고, 서편에 불러 한놈을 얻고, 남편, 북편에서도 다 각기 한놈을 얻은지라, 세어 본즉 원래 있던 한놈과 불려나온 여섯놈이니 합이 일곱 한놈이더라.

　낯도 같고 꼴도 같고 목적도 같지만, 이름이 같으면 서로 분간할 수 없을까 하여 차례로 이름을 지어 한놈, 둣놈, 셋놈, 넷놈, 닷째놈, 엿째놈, 잇놈이라 하였다.

　"싸움터가 어디냐?"

외치니,

　"이리 오너라."

하고 동편에서 소리가 나거늘,

"앞으로 갓!"

한 마디에 그 곳으로 향하니 꽃송이가 '칼부름' 이란 노래로 그들을
전송한다.

> 내가 나니 저도 나고
> 저가 나니 나의 대적이다.
> 내가 살면 대적이 죽고,
> 대적이 살면 내가 죽나니
> 그러기에 내 올 때에 칼 들고 왔다.
> 대적아 대적아
> 네 칼이 세던가 내 칼이 센가 싸워를 보자.
> 앓다 죽은 넋은 땅 속으로 들어가고
> 싸우다 죽은 넋은 하늘로 올라간다.
> 하늘이 멀다 마라
> 이 길로 가면 한 뼘뿐이다.
> 하늘이 가깝다 마라
> 땅 길로 가면 만만 리가 된다.
> 아가 아가 한놈 둣놈 우리 아가
> 우리 대적이 저기 있다.
> 해 늦었다 눕지 말며
> 밤 늦었다 자지 말라.
> 이 칼이 성공하기 전에는
> 우리 너희 쉴 짬이 없다.

그 소리 비장강개하여 울 만도 하고, 뛸 만도 하더라.

한놈은 일곱 사람의 대표로 '내 친구'란 노래로 대답하였는데, 윗머리는 다 잊어 이 책에 쓸 수 없고 오직 첫마디의,

"내가 나자 칼이 나고, 칼이 나니 내 친구다."

라는 단 한 구절만 생각난다.

답가를 마치고 일곱 사람이 서로 손목을 잡고, 동편을 바라보고 가니, 날도 좋고, 곳곳에 꽃향기, 새소리로 우리를 위로하더라.

몇 걸음 못 나아가 하늘이 캄캄하고 찬비가 쏟아진다. 일곱 사람이 한결같이,

"찬비가 오거나 더운비가 오거나 우리는 간다."

하고 앞길만 찾더니 또 바람이 모질게 불어 흙과 모래가 섞이어 나니 눈을 뜰 수 없다.

"눈을 뜰 수 없어도 가자."

하고 자꾸 가니 몇 걸음 못 나가서 가시밭이 있거늘,

"오냐 가시밭길이라도 우리가 가면 길 된다."

하고 눌러 걷더니 또 몇 걸음 못 나가서 땅에서 시퍼런 칼 같은 것을 모로 세워, 밟는 대로 발이 찢어져 피 발이 된다.

"피 발이 되어도 간다."

하고 서로 붙들고 가더니 무엇이 머리를 꽉 눌러 허리도 펼 수 없고 한 발씩이나 되는 주둥이가 살을 꽉꽉 물어 떼어 아프고 가려워 견딜 수 없고, 머리털 타는 듯, 고추 타는 듯한 냄새가 나, 코를 들 수 없고 앞뒤로 불덩이가 날아와 살이 모두 데이니, 일곱째 놈이 딱 자빠지며,

"애고, 나는 못 가겠다."

한놈과 다섯 친구들이 억지로 끌어 일으키나 아니 들으며,

"여기 누우니 아픈 데가 없다."

하거늘 한놈이,

"싸움에 가는 놈이 편함을 구하느냐?"

꾸짖고, 할 수 없이 일곱 친구에 하나를 버리니 여섯 사람뿐이라.

"우리는 적과의 싸움에서 못 견디지 말자."

하고 서로 격려하나, 길이 어둡고 몸이 저려 기다가, 걷다가, 구르다가, 뛰다가 온갖 짓을 다하며 나가는데 웬 할미가 앞에 지나가거늘, 일제히 소리를 쳐,

"할멈, 싸움터는 어디로 가오?"

하니 지팡이를 들어,

"이리 가라."

하고 가리키는데, 지팡이 끝에 환한 광선이 비치더라.

"이 곳이 어데요?"

물으니,

"고됨 벌이라."

하더라.

광선을 따라 나아가니 눈앞이 환하고 갈 길이 탁 트인다. 한편으로는 반갑기도 하지만, 또 한편으로는 눈물이 주르르 쏟아진다.

"살거든 같이 살고 죽거든 같이 죽자고 옷고름 맺고 맹세하며, 같이 오던 일곱 사람에 잇놈 하나만 버리고 우리 여섯은 다 오는구나. 잇 놈아, 네 조금만 견디었으면 우리 같이 이 구경을 할걸, 네 너무도 참 지 못하여 우리는 오고 너는 갔구나. 그러므로 마지막 씨름에 잘하여 야 한다는 말도 있고 최후 오분 종을 잘 지내란 말도 있는 것이다. 그 러나 쓸데 있나, 이 뒤에 우리 여섯이나 조심하자."

하고 받고 차며 이야기하고 가더니 이 곳이 어디기에 이다지 좋은가. 나무 그늘 가득한 곳에 금잔디는 땅에 깔리고 꽃은 피어 뒤덮였는데, 새들은 제 세상인듯 쨱쨱이고 범이 오락가락하나 사람 보고 물지 않고, 온갖 풀이 모두 향내를 피우며 길은 옥으로 깔렸는데 얼른얼른하며, 그 속에 한놈의 무리 여섯이 비치어 있고, 금강산의 만물상같이 이름짓는

대로 보이는 것도 많으며, 평양 모란봉처럼 우뚝 솟아 그린 듯한 빼어
난 뫼며, 남한산의 꽃버들이며, 북한산의 단풍이며, 경주의 삼기팔괴
며, 원산의 명사십리 해당화며, 호호탕탕 한강물에 뛰노는 잉어며, 천
안 삼거리 늘어진 버들이며, 송도 박연에 구슬 뿜듯 헤치는 폭포며, 순
창의 옷과 대발이며, 온갖 풍경이 갖추어 있어 한놈의 친구 여섯 사람
으로 하여금 '아픔 벌'에서 받던 고통은 씻은 듯 간데없다. 몸이 거뜬하
고 시원함을 이기지 못하여 서로 돌아보며,

  "이 곳이 어디인가? 님의 나라인가? 님의 나라야 싸움터도 끝나지
  않았는데 어느 새 왔을 수 있나?"
하며 올 없이 가는 판이러니, 별안간 사람의 눈을 부시게 빛이 찬란한
산이 멀리 보이는데, 그 위에 붉은 글씨로 '황금산'이라고 새기었더라.
앞에 다다라 보니 순금으로 쌓은 몇만 길 되는 산이요, 한 쌍의 옥동자
가 그 산 이마에 앉아 노래를 한다.

  잰 사람이 그 누구냐
  내 이 산을 내어 주리라
  이 산만 가지면
  옷도 있고 밥도 있고
  고대광실 높은 집에
  한평생 잘살리라
  이 산만 가지면
  맏아들은 황제 되고
  둘째 아들은 제후가 되고
  셋째 아들은 파초선 받고
  넷째 아들은 쌍가마 타고
  네 앞에 절하리라.

이 산을 가지려거든
단군을 버리고 나를 할아비하며
진단*을 던지고 내 집에서 네 살림하여라.
이 산만 차지하면
금강석으로 네 갓하고
진주 구슬로 네 목도리하고
홍보석으로 네 옷 말아 주마
잰 사람이 그 누구냐
너희들도 어리석다.
싸움에 다다르면 네 목은 칼 밥이요
네 눈은 활 과녁이요
네 몸은 탄알 밥이라
인생이 얼마라고 호강을 싫어하고
아픈 길로 드느냐?
어리석다 불쌍하다 너희들…….

노랫소리 맑고 고와 듣는 사람의 귀를 콕 찌르니, 엿째놈이 그 앞에 턱 엎드러지며,

"애고 나는 못 가겠소. 형들이나 가시오."

한놈의 친구가 또 하나 없어진다. 기가 막혀 꾀이고 꾸짖으며 때리며 끌며 하나, 엿째놈이 그 산에 딱 들러붙어 일어나지 않더라.

하릴없이 한놈이 이제 네 친구만 데리고 가더니 큰 냇물이 앞에 나서 거늘, 한놈이 친구들을 돌아보며,

"이 내가 무슨 내인가?"

---

* 진단(震檀) 한반도 땅을 뜻함.

하며 그 이름을 몰라 갑갑한 말을 한즉, 냇물에서 무엇이 대답하되,

"내 이름은 새암이라."

"새암이란 무슨 말이냐?"

"새암이란 재주 없는 놈이 재주 있는 놈을 미워하며, 공 없는 놈이 공 있는 놈을 싫어하여 죽이려 함이 새암이니라."

"그러면 네 이름이 새암이니 남의 집과 남의 나라도 많이 망쳤겠구나."

"암, 그럼. 단군 때에는 비록 마음이 있었으나 도덕의 아래라 감히 행세치 못하다가 부여의 말년부터 내 이름이 비로소 나타날 새, 금와왕의 아들들이 내 맛을 보고 동명왕을 죽이려 했고, 비류단 사람이 내 맛을 보고 온조왕과 갈라지고, 수성왕(차대왕)이 내 맛을 보고는 국조*의 부자를 죽이며, 고구려 봉상왕이 내 맛을 보고는 달가 같은 공신을 베고, 백제의 신하인 백가가 동성왕을 죽여서 패업을 꺾음도 나의 꾀임이며, 좌가려가 고국천왕을 싫어하여 연나와 함께 반란을 일으킴도 나의 홀림이라. 나의 물결이 가는 곳이면 반드시 환란을 내어, 삼국의 강성이 더 늘지 못함이 내 솜씨로 말미암음이라고도 할지나, 그러나 이 때는 오히려 정도*가 세고 내가 약하여 크게 횡행하지 못하더니, 세월이 흘러 삼국의 말엽이 되니, 내가 간 곳마다 성공하여, 백제에 들매 의자왕의 군신이 서로 새암하여 성충이며, 흥수며, 계백 같은 어진 신하 용감한 장수를 멀리하여 망함에 이르렀으며, 고구려에 들매 남생의 형제가 서로 새암하여 평양이며, 국내성이며, 개모성 같은 큰 성을 적국에 바쳐 비운에 빠지고, 복신은 만고의 명장으로 풍왕의 새암에 손바닥, 발바닥을 뚫리는 악형을 받아 중흥의 사업이 꿈결로 돌아가고, 검모잠은 세상을 덮을 매서운 장부인데 안승왕의

---

* 국조(國祖) 나라의 시조.
* 정도(正道) 올바른 길, 또는 정당한 도리.

새암에 비참한 주검이 되어 다물의 큰 뜻이 이슬같이 사라지고, 이 뒤부터는 매우 내 판이라.

고려 왕씨조나, 조선 이씨조는 모두 내 손에 공기 노는 듯하여 군신이 의심하며, 상하가 미워하며, 문무가 싸우며, 사색당파가 서로 잡아먹으며, 이백만 홍건적을 쳐물린 정세운도 죽이며, 수십 년 해륙전에 드날리던 최영도 베며, 팔 년 왜란에 바다를 진정하여 해왕이란 이름을 가지던 이순신도 가두며, 일개 서생으로 왜장 가등청정(가토 기요마사)을 부수고 함경도를 찾던 정문부도 죽이어 드디어 금수강산이 비린내가 나도록 하였노라."

한놈이 그 말을 듣고는 몸에 소름이 끼쳐 친구를 돌아보며,

"이 물이야 건널 수 있느냐?"

하나 넷놈 닷놈이 웃으면서,

"그것이 무슨 말이오? 백이숙제가 탐천 물을 마시면 그 마음이 흐릴까요?"

하더니 벗고 들어서거늘, 한놈, 두놈, 셋놈, 세 사람도 용기를 내어 뒤에 따라서며, 도통사 최영이 지은,

까마귀 눈비 맞아 희난 듯 검노매라
야광명월이 밤인들 어둘소냐
임 향한 일편단심 가실 줄이 있으랴

한 시조를 읊으며 건너니라.

저편 언덕에 다다라서는 서로서로 냇물을 돌아보며

"요만 물에 어찌 장부의 마음을 변할소냐? 우리가 아무리 어리다 해도 혹 국사에 힘써 화랑의 교훈을 받은 이도 있으며, 혹 한학에 소양이 있어 공자, 맹자의 도덕에 젖은 이도 있으며, 혹 불교를 연구하여

석가의 도를 들은 이도 있으며, 혹 예배당에 출입하여 양부자의 신약도 공부한 이 있나니, 어찌 접시물에 빠져 형제가 서로 새암하리오."
하고 더욱 씩씩한 꼴을 보이매 길에 오르느라.

싸움터가 가까워 온다. 님나라가 가까워 온다. 깃발이 보인다. 북소리가 들린다.

어서 가자 재촉할 새, 가장 날래게 앞서 뛰는 놈은 셋놈이러라. 넷놈이 따르려 하여도 따르지 못하여 허덕허덕 하며 매우 좋지 못한 낯을 갖더니,

"저기 적진이 보인다."
하고 실탄 박은 총으로 쏜다는 것이 적진을 쏘지 않고 셋놈을 쏘았더라.

어화, 일곱 사람이 오던 길에 한 사람은 고통에 못 이기어 떨어지고, 또 한 사람은 황금에 마음이 바뀌어 떨어졌으나 오늘같이 서로 죽이기는 처음이구나!

새암의 화가 참말 독하다. 죽은 놈은 할 수 없거니와 죽인 놈도 그저둘 수 없다 하여 넷놈을 잡아 태워 죽이고, 한놈, 둣놈, 닷놈 무릇 세 사람이 동행하니라.

인간에게 알기는 도깨비가 님에게 대하여 만나면 으레히 항복하고 싸우면 으레히 진다 하더니, 싸움터에 와 보니 이렇게 쉽게는 말할 수 없더라.

님의 키가 열 길이 되더니 도깨비의 키도 열 길이 되고, 님의 손이 다섯 발이 되더니 도깨비의 손도 다섯 발이 되고, 님의 눈에 번개가 치면 도깨비의 눈에도 번개가 치고, 님의 입에 우레가 울면 도깨비의 입에도 우레가 울며 님이 날면 도깨비도 날며, 님이 뛰면 도깨비도 뛰며 님의 군사가 구구는 팔십일만 명인데 도깨비의 군사도 꼭 그 수효이더라.

〈고구려사〉에 보면 동천왕이 위나라 장수 관구검을 처음에 이기고

웃어 가로되,

"이같이 썩은 대적을 치는데 어찌 큰 군사를 쓰리오."

하고, 정병은 다 뒤에 앉아 있게 하고 다만 오천 명으로써 적의 수만 명과 결전하다가, 도리어 큰 위험을 겪은 일이 있더니, 님나라에서도 이런 짓이 있도다. 싸움이 시작되자 님이 영을 내리시되,

"오늘은 전군이 다 나아갈 것이 없이 다만 구분의 일, 곧 구만 명만 나서며, 또 연장은 가지지 말고 맨손으로 싸워 도깨비의 무리가 우리 재주에 놀래어 다시 덤비지 못하게 하여라."

하니 좌우 사람들은 안 될 짓이라고 간하나 님이 안 들으신다.

진이 사괴매 님의 군사가 비록 날쌔나 어찌 연장 가진 군사와 겨루리오. 칼이며, 총이며, 불이며, 물이며 온갖 것을 다하여 님의 군사를 치는데, 슬프다. 님의 군사는 빈 주먹이 칼에 부서지고, 흰 가슴이 총에 꿰뚫리며, 뛰다가 불에 타며, 기다가 물에 빠져 살 길이 아득하다. 입으로는,

"우리는 정의의 아들이다. 악이 아무리 강한들 어찌 우리를 이기리오."

하고 부르짖으나 강한 힘 밑에서야 정의의 할아비인들 쓸데 있느냐? 죽는 이 님의 군사요, 엎치는 이 님의 군사더라. 넓고 넓은 큰 벌판에 정의의 주검이 널리었으나 강적의 칼은 그치지 않는다. 한놈의 동행인 닷놈이 고개를 숙이고 탄식하되,

"이제는 님의 나라가 그만이로구나. 나는 어디로 가뇨?"

하더니, 청산 백운간에 사슴의 친구나 찾아간다고 봇짐을 싸며, 셋놈은 왈칵 나서며,

"장부가 어찌 이렇게 적막히 살 수야 있나. 종살이라도 하며 세상에서 어정거림이 옳다."

하고 적진으로 향하니라.

이 때 한놈은 어찌할까, 한놈은 한놈의 짐을 지고 왔으며, 너희들은 각기 너희들의 짐을 지고 왔나니 짐 벗어던지고 달아나는 너희들을 따라가는 한놈이 아니요, 가는 놈들은 가거라 나는 나대로 하리라 함이 정당한 일인 듯하나, 그러나 너는 내 손목을 잡고, 나는 네 손목을 잡아 죽으나 사나 같이 가자 하던 일곱 사람에, 단 셋이 남아 나밖에는 네 형이 없고 너밖에는 내 아우 없다 하던 너희들을 또 버리고, 나 홀로 돌아섬도 또한 한놈이 아니로다. 한놈이 이에 오도가도 못 하고 길 곁에 주저앉아 홀로,

"세상이 원래 이런 세상인가? 한놈이 친구를 못 얻음인가? 말짱하게 맹세하고 오던 놈들이 고되다고 달아난 놈도 있고, 돈 있다고 달아난 놈도 있고, 할 수 없다고 달아난 놈도 있어 일곱 놈에 나 한놈만 남았구나."

탄식하니 해는 서산에 너울너울 넘어가 사람의 사정을 돌보지 않더라. 이러나 저러나 갈 판이라고 두 주먹을 부릅쥐고 달리더니 난데없는 구름이 모여들어 하늘이 캄캄하여지며 범과 이리와 사자와 온갖 짐승이 꽉 가로막아 뒤로 물러갈 길은 보이지만 앞으로 나아갈 길은 없더라. 할 수 없이 다시 오던 길을 찾아 뒤로 몇 걸음 물러서다가,

"뺀 칼을 다시 박으랴!"

소리를 지르고 앞을 헤치고 나아가니, 님의 형상은 보이지 않으나 님의 말소리가 귀에 들린다.

"네 오느냐? 너 홀로 오느냐?"

하시거늘 한놈이 고되고 외로워 어찌할 줄 모르던 차에 인자하신 말씀에 느낌을 받아 눈에 눈물이 핑 돌며 목이 탁 메어 겨우 대답하되,

"예, 홀로 옵니다."

"오냐, 슬퍼 마라, 옳은 사람은 매양 무척 고생을 받고서야 동무를 얻나니라."

하시더니 칼을 하나 던지시며,

"이 칼은 3925년(서기 1592년) 임진왜란 때 의병장 정기룡이 쓰던 삼
　인검이다. 네 이것을 가지고 적진을 쳐라!"
하시더라.

　한놈이 칼을 받아들고 나서니 하늘이 개며 해도 다시 나와, 범과 사
자들은 모두 달아나 앞길이 탁 트이더라. 몸에 님의 명령을 띠고 손에
님이 주신 칼을 들었으니 무엇이 무서우리오. 적진이 여우고개에 있다
는 소문을 듣고 그리로 향하여 가는데 칼이 번쩍번쩍하더니 찬바람 치
며 비린내가 코를 찌르거늘,

　"에쿠, 적진에 당도하였구나."
하고 칼을 저으며 들어가니 수십만 적병이 물결 갈라지듯 하는지라. 그
사이를 뚫고 들어간즉, 어떤 얼굴 고약한 적장이 책상에 기대어 임진
전사를 보는데 한놈의 손에 든 칼이 부르르 떨어 그 적장을 가리키며
소리치되,

　"저놈이 곧 임진왜란 때에 조선을 더럽히려던 일본의 관백 풍신수길
　(도요토미 히데요시)이라."

　원수를 외나무 다리에서 만난 한놈이 어찌 용서가 있으리오. 두 눈에
쌍심지가 오르며 분기가 정수리를 쿡 찔러, 곧 한 칼에 이놈을 고깃장
을 만들리라 하여 힘껏 겨누어 치려 한즉, 풍신수길이 썩 쳐다보며 빙
그레 웃더니 그 고약한 얼굴은 어디 가고, 아름다운 한 미인이 되어 앉
았는데 꽃 본 나비인 듯, 물 찬 제비인 듯, 솟아오르는 반월인 듯……

　한놈이 그것을 보고 팔이 찌르르해지며 차마 치지 못하고 칼이 땅에
덜렁 내려지거늘, 한놈이 칼을 집으려고 몸을 굽힌 새, 벌써 그 미인이
변하여 개가 되어 컹컹 짖으며 물려고 드나, 한놈이 칼을 잡지 못하여
맨손으로 어쩔 수 없어 삼십육계의 상책을 찾으려다가 발이 쭉 미끄러
지며,

"아차."

한마디에 어디로 떨어져 내려가는지 한참 만에 평지를 얻은지라. 골이 깨어지지나 않았는가 하고 손으로 만져 보니 깨어지지는 않았으나, 무엇이 쇠뭉치로 뒤통수를 딱딱 때려 아파 견딜 수 없고, 또 쇠사슬이 어디서 나오더니 두 손을 꽉 묶으며 온몸을 굴신할 수 없게 얽어 매고, 불침, 불칼이 머리부터 시작하여 발끝까지 쑤시는도다. 한놈이 깜짝 놀래어,

"아이고, 내가 지옥에 들어왔구나. 그러나 내가 무슨 죄로 여기를 왔나?"

하고, 땅에 떨어진 날부터 오늘까지 아는 대로 무릇 삼십여 년 사이의 일을 세어 보니 무슨 죄인지 모르겠더라. 좌우를 돌아보니 한놈과 같이 형구를 가지고 앉은 이가 몇몇 있거늘,

"내가 무슨 죄로 왔느냐?"

물은즉 '잘 모른다' 하며,

"너희들은 무슨 죄로 왔느냐?"

하여도 '모른다' 하더라. 한놈이 소리를 지르며,

"사람이 어찌 무슨 죄로 왔는지도 모르고 이 속에 갇혔으리오?"

하니 대답하되,

"얼마 안 되어 순옥사자가 오신다니 그에게 물어 보라."

하더라.

5

아픔도 아픔이어니와 가장 갑갑한 것은 내가 무슨 죄로 이 속에 왔는지를 모름이라.

"순옥사자가 오시면 안다 하니 언제나 오나."

하며, 빠지는 눈을 억지로 참고 며칠을 기다리더니 하루는 삼백예순다섯 가지 풍류 소리가 나며,

"신임 순옥사자 고려 문하시랑 동문장사 강감찬이 듭신다."

하더니 온 옥중이 괴괴한데, 한놈이 좌우의 낯을 살펴보니 어떤 사람은,

"나야 무슨 죄가 있나, 설마 순옥사자께서 곧 놓아 보내겠지."

하는 뜻이 있어 기꺼운 낯을 가지며, 어떤 사람은,

"내 죄는 이보다 더 참혹한 지옥에 갇힐 터인데, 순옥사자가 오시면
어찌하나."

하는 뜻이 있어 걱정스러운 듯한 낯을 가지며, 어떤 사람은,

"죄를 지면 지었지 지옥밖에 더 왔겠니."

하는 뜻이 있어 아무렇지도 않은 듯한 낯을 가지며, 어떤 사람은,

"아이고 이제는 큰일났구나. 내 죄야 있는지 없는지 모르겠다만 순옥
사자가 아마 덮어놓고 죽이실걸."

하는 뜻이 있어 잿빛 같은 낯을 가지며, 지옥이 무엇인지 천당이 무엇
인지 순옥사자가 가는지 오는지도 모르고 앉아 있는 사람도 있으며,

"오냐, 지옥에 가두어라. 가두면 늘 가두겠느냐. 나가는 날에는 또 도
적질이나 하자."

하는 사람도 있으며,

"우리 어머니가 내 일을 알면 오죽 울겠느냐? 순옥사자시여! 제발 놓
아 주옵소서."

하는 사람도 있으며,

"옥이고 깨묵이고 밥이나 좀 먹었으면."

하는 사람도 있으며,

"순옥사자가 오기만 오너라. 내 죽자 사자 해 보겠다. 인간에서 하던
고생도 많은데 또……"

하는 사람도 있으며,

"내가 돈이 백만 냥이 있으니 순옥사자의 옆구리만 쿡 찌르면 되지."
하는 사람도 있으며,

"나는 계집인데 순옥사자가 밉지 않은 나야 설마 죽이겠니."
하는 사람도 있어 빛도 각각이요, 말도 각각이더라.

옥중에 서기*가 돌며 순옥사자 강감찬이 드시는데 키는 불과 오 척이요, 꼴도 매우 왜소하고 초라하지만 두 눈에는 정기가 어리고 머리 위에는 어사화가 펄펄 난다.

이 때를 당하여 사방을 돌아보니 억센 놈도 어디 가고, 다리 긴 놈도 어디 가고, 겁 많은 놈도 어디 가고, 돈 많은 놈도 어디 가고, 얼굴 좋은 아가씨도 어디 가시고 온 옥중에 있는 사나이나 계집이나 모두, 오래 젖에 주린 아이가 어미 몸을 보는 듯하여 꽉 엎드려져 흑흑 느끼어 가며 운다.

강감찬이 보시더니 불쌍히 여기사 물으시되,

"왜 처음에 지옥이 무서운지 몰랐더냐? 죄를 왜 지었느냐?"
하니 옥중이 묵묵하여 아무 대답이 없거늘 한놈이 나서며 여짜오되,

"우리가 나가고 싶다는 말도 없었는데 님이 우리를 인간에 내시고,
우리가 오겠다고 원하지도 않았는데 님이 우리를 지옥에 넣으시니,
우리들이 님의 일이 답답하여 우나이다."

강감찬이 웃으시며,

"님이 너희들을 내셨다더냐? 또 지옥에 올 때도 님이 가라고 하시더냐?"

"그러면 누가 내시고 누가 이리로 오게 하였습니까?"

강감찬이 크게 소리를 질러,

---

* 서기(瑞氣) 상서로운 기운.

"네가 네 일을 모르고 누구에게 묻느냐?"

하고 꾸짖으니 온 옥중이 모두 한놈과 함께 황송하여 일제히 그 앞에 엎드리며,

"미련한 것들이 아지 못하오니 사자님은 크게 사랑하사 미혹됨을 열어 주소서."

강감찬이 지팡이를 거꾸로 받드시더니 모든 죄인에게 말씀하시되,

"너희들이 죄를 짓지 않으면 지옥이란 이름이 없으리니, 그러므로 지옥은 님이 지은 것이 아니라 곧 너희들이 지은 지옥이니라."

한놈이 일어서 아뢰되,

"우리가 지은 지옥이면 깨기도 우리 손으로 깰 수 있습니까?"

강감찬이 가라사대,

"적은 죄는 자기 손으로 깨고 나아갈지나, 큰 죄는 제 손은 그만두고 님이 깨어 주려 하여도 깰 수 없나니, 천겁 만겁을 지옥에서 썩을 뿐이니라."

한놈이 묻되,

"어떤 죄가 큰 죄오니까?"

강감찬이 가라사대,

"처음에 단군이 오계를 세우시니,

　　1. 나라에 충성하며,

　　2. 집에서 효도하고 우애하며,

　　3. 벗을 미덥게 사귀며,

　　4. 싸움에서 뒷걸음질 말며,

　　5. 생물을 죽임에 골라 죽임이라.

　옛적에는 오계의 하나만 범하여도 큰 죄라 하여 지옥에 내리더니, 이제 와서는 나라일이 급하여 다른 죄를 이루 다 다스릴 수 없어 오직 나라에 대한 죄만 큰 죄라 하여 지옥에 내리느니라."

한놈이,

"나라에 대한 큰 죄가 몇입니까?"

물은대, 강감찬이,

"네가 앉아 들으라!"

하시더니, 하나씩 세신다.

"첫째는 나라의 적을 두는 지옥이 일곱이니,

① 국민의 부탁을 받아 임금이나 대신이 되어, 나라의 흥망을 어깨에 맨 사람으로 금전이나 사리사욕만 알다가, 적국에 이용된 바가 되어 나라를 들어 남에게 내어 주어, 조상의 역사를 더럽히고 동포의 생명을 끊나니, 백제의 임자며, 고구려의 남생이며, 발해의 마지막 임금인 인찬이며, 대한 말일의 민영휘, 이완용 같은 무리가 이것이다. 이 무리들은 살릴 수 없고 죽이기도 아까우므로, 혀를 빼며 눈을 까고, 쇠비로 그 살을 썰어 뼈만 남거든 또 살리고 또 이렇게 죽이되, 하루 열두 번을 이대로 죽이고 열두 번을 이대로 살리어, 죽으면 살리고 살면 죽이나니, 이는 곧 매국 역적을 처치하는 '겹겹지옥'이니라.

② 백성의 피를 빨아 제 몸과 처자를 살찌우던 놈이니, 이놈들은 독 속에 넣고 빈대와 뱀 같은 벌레로 피를 빨게 하나니 이는 '줄줄지옥'이니라.

③ 혓바닥이나 붓끝으로 적국의 정책을 노래하고 어리석은 백성을 몰아 그물 속에 들도록 한 연설쟁이나 신문기자들은 혀를 빼고 개의 혀를 주어, 날마다 컹컹 짖게 하나니 이는 '강아지지옥'이니라.

④ 목구멍이 포도청이라고 해먹을 것 없으니 정탐질이나 하리라 하여, 뜻있는 사람을 잡아 적국에게 주는 놈은 돝(돼지) 껍질을 씌워 꿀꿀 소리가 나게 하나니, 이는 '돼지지옥'이니라.

⑤ 겉으로 지사인 체하고 속으로 적 심부름하던 놈은 그 소행이 더

욱 밉다. 이는 머리에 박쥐 감투를 씌우고 똥집을 빼어 소리개를 주
나니 이는 '야릇지옥' 이니라.

⑥ 딸깍딸깍 나막신을 끌고 걸음걸음 적국 놈의 본을 뜨며, 옷 입
고 밥 먹는 것도 모두 닮으려 하며, 자식이 나가던 내.말을 버리고 적
국 말을 가르치는 놈은 목을 잘라 불에 넣으며 다리를 끊어 물에 던
지고, 가운데 토막은 주물러 나나리*를 만드나니 이는 '나나리지옥'
이니라.

⑦ 적국 놈에게 시집가는 년들이며, 적국 년에게 장가가는 놈들은
불칼로 그 몸을 절반으로 끊나니 이는 '반신지옥' 이니라.

둘째는 망국노를 두는 지옥이니,

① 나라야 망하였건 말았건 예수나 잘 믿으면 천당에 간다 하며,
공자의 글이나 잘 읽고 산림 속에서 독선기신한다* 하여 조상의 역
사가 결단남도 모르며, 부모나 처자는 모두 남의 종이 된지는 생각지
도 않고, 오직 선과 천당을 찾는 놈들은 똥물에 튀기어 쇠가죽을 씌
우나니 이는 '똥물지옥' 이니라.

② 정견을 가진 당파는 있어야 하지만 오직 지방색으로 가르며, 종
교로 가르며, 개인적 감정으로 가르며, 한 나라를 열 쪽으로 내어 서
로 해외로 다니며 싸우고 이것을 일로 아는 놈들은 맷돌에 갈아 없애
야 새싹이 날지니 이는 '맷돌지옥' 이니라.

③ 말도 남의 말만 알고 풍속도 남의 풍속만 좇고 종교나 학문이나
역사 같은 것도 남의 것을 제것으로 알아 러시아에 가면 러시아인 되
고, 미국에 가면 미국인이 되는 놈들은 밸을 빼어 게같이 만드나니
이는 '엉금지옥' 이니라.

④ 동양의 아무 나라가 잘되어야 우리의 독립을 찾으리라 하며, 서

---

* 나나리 나나니벌처럼 허리를 잘록하게 조여 몸을 못쓰게 만든 형상.
* 독선기신(獨善其身)하다 자기 한 몸의 처신만을 온전하게 하다.

양의 아무 나라가 우리 일을 보아 주어야 무엇을 하여 볼 수 있다 하여, 외교에 의뢰하여 국민의 사상을 약하게 하는 놈들은 그 몸을 주물러 댕댕이를 만들어 큰 나무에 감아 두나니, 이는 '댕댕이지옥' 이니라.

⑤ 의병도 아니요, 암살도 아니요, 오직 할 일은 교육이니 실업 같은 것으로 차차 백성을 깨우치자 하여, 점점 더운 피를 차게 하고 산 넋을 죽게 하나니, 이놈들의 갈 곳은 '어둥지옥' 이니라.

⑥ 황금이나 여색 같은 데에 빠져, 있던 뜻을 버리는 놈은 그 갈 곳이 '단지지옥' 이니라.

⑦ 지식이 없어도 있는 체하고, 열성이 없어도 있는 체하며, 죽기는 싫으나 명예는 차지하려 하여 거짓말로 남 속이고 다니는 놈들은 불로 지져 뜨거움을 보여야 하나니, 이는 '지짐지옥' 이니라.

⑧ 머리 앓고 피 토하여 가며 나라 일을 연구하지 않고, 오직 남의 입내만 내어 마치니의 소년 이태리를 본떠 회(모임)의 규칙을 만들며, 손문(쑨 원)의 군정부 약법을 번역하여 자가의 주의로 삼아 특유한 국민성이 없이 인쇄된 책으로나 일을 하려는 놈들의 갈 지옥은 '잔나비지옥' 이니라.

⑨ 잔꾀만 가득하여 일 없는 때는 칼등에서 춤이나 출 듯이 나서다가 일 있을 때는 싹 돌아서 누울 곳을 보는 놈은 그 기름을 빼어야 될지라. 고로 가마에 넣고 삶나니 이는 '가마지옥' 이니라.

⑩ 아무래도 쓸데없다. 왼손으로 총을 막으며 빈 입으로 군함 깰까, 망한 판이니 망한 대로 놀자, 하는 놈은 무쇠 두멍을 씌워 다시 하늘을 못 보게 하나니 이는 '쇠솥지옥' 이니라.

⑪ 돈 한푼만 있는 학생이면 요릿집에 데리고 가며, 어수룩한 사람이면 영웅으로 치켜세워 저의 이용물을 만들고 이를 수단이라 하여 도덕 없는 사회를 만드는 놈의 갈 곳은 '아귀지옥' 이니라.

⑫ 공자가 어떠하다, 예수가 어떠하다, 나폴레옹이 어떠하다, 워싱턴이 어떠하다 하며, 내 나라의 성현 영웅을 하나도 모르는 놈은 글을 다시 배워야 하나니, 이놈들의 갈 곳은 '종아리지옥' 이니라.

이 밖에도 지옥이 몇몇이 더 되나, 너희들이 알아 둘 지옥은 이만하여도 넉넉하니라."

온 죄수가 악머구리(참개구리) 울듯하며,

"사자님은 크게 어진 마음으로 죄를 용서하시고 이 곳을 떠나게 하소서."

하고 부채로 썩 가리우니 모든 죄수가 어디 있는지 보지는 못하나 마음에 그 참형당할 일이 애달파 한놈이 강감찬의 앞에 썩 나아가, 매국적 같은 큰 죄는 할 수 없거니와 그 나머지는 다 놓아 보낼 것을 청하니, 강감찬이 한놈의 등을 만지며,

"그대가 이런 마음으로 님나라에 갈 만하지만 다만 두 사랑이 있으므로 이 곳까지 옴이로다."

하거늘, 한놈이 이제야 미인의 홀림으로 풍신수길을 놓치던 일을 생각하고 묻자와 가로되,

"나라 사랑하는 사람은 미인을 사랑하지 못하옵니까?"

강감찬이 땅 위에 놓인 칼을 가리키며,

"이 칼 놓은 자리에 다른 것도 또 놓을 수 있느냐?"

"안 될 말입니다. 두 물건이 한 시에 한 자리를 차지할 수가 있습니까?"

강감찬이 이에 손을 치며,

"그러하니라, 두 물건이 한 시에 한 자리를 못 차지할지며, 두 사상이 한 시에 한 머리 속에 같이 있지 못하나니, 이 줄로 미루어 보아라. 한 사람이 한평생 두 사랑을 가지면 두 사랑이 하나도 이루기 어려운고로, 이야기에도 있으되 '두 절개가 되지 말라' 하니 그 부정함을

나무람이라."

한놈이 또 묻되,

"그 줄이 있습니까?"

강감찬이 대답하되,

"소경은 귀가 밝고 귀머거리는 눈이 밝다 함은 한 길로 가는 까닭이라. 그러기에 석가여래가 아내와 아들을 다 버리고 보리수 밑에서 아홉 해를 지내심이니라."

"애국자의 일도 종교가와 같으오리까?"

"하나는 출세자의 일이요, 하나는 입세자의 일이니, 일은 다르지만 종교가가 신앙밖에 다른 사랑이 있으면 종교가가 아니며, 애국자가 나라밖에 다른 사랑이 있어도 애국자가 아니다. 그러므로 사람마다 몸을 안 아끼는 이 없지만 충신이 일에 당하면 열두 번 죽어도 사양치 않으며, 누가 처자를 안 어여뻐 하리오만 열사가 나라를 위함에는 가족까지 희생하나니, 이와 같이 나라밖에는 딴 사랑이 없어야 애국이거늘, 이제 나라도 사랑하며 술도 사랑하면 술도 나라 잊을 적이 있을지며, 나라도 사랑하며 미인도 사랑하면 미인으로 나라 잊을 때가 있을지니라."

한놈이 절하며 그 고마운 뜻을 올리고 그러나 지옥에서 나가게 하여 달라 하니 강감찬이 가로되,

"누가 못 나가게 하느냐?"

"못 나가게 하는 사람은 없사오나 몸이 쇠사슬에 묶이어 나갈 수 없습니다."

강감찬이 웃으시며,

"누가 너를 묶더냐?"

하니 한놈이 이 말에 크게 깨닫게 되어,

"본래 묶이지 않은 몸을 어디에 풀 것이 있으리오."

하고 몸을 떨치니 쇠사슬도 없고 옥도 없고 한놈의 한 몸만 우뚝하게 섰더라.

6

님나라(천국)는 하늘 위에 있고 지옥은 땅 밑에 있어 그 거리가 천 리나 만 리인 줄 알고 있는 것은 인간의 생각이라. 실제는 그렇지 않아서 땅도 한 땅이요, 때도 한 때인데 제치면 님나라고 엎치면 지옥이요, 세로 뛰면 님나라고 가로 뛰면 지옥이요, 날면 님나라며 기면 지옥이요, 잡으면 님나라며 놓치면 지옥이니, 님나라와 지옥의 거리가 요것뿐이더라.

지옥이 이미 부서지매 한놈이 눈을 드니, 금으로 지은 집에 옥으로 쌓은 담이 어른어른하고 땅에 깔린 것은 모두 진주와 금강석이요, 맑고 향내나는 공기가 코를 찔러 밥 안 먹고도 배부르며, 나무마다 꽃이 피어 봄빛을 자랑하며, 새는 앵무, 공작, 금계, 백학, 꾀꼬리같이 듣고 보기가 좋은 새들이며, 짐승은 사람을 물지 않는 빛깔 좋은 호랑이와 표범 같은 짐승들이요, 거리마다 신라의 만불산을 벌여 놓고 집집마다 고구려의 짐승털 요를 깔았으며, 입은 것은 부여의 무늬 비단과 진한의 합사로 짠 비단이며, 두른 것은 발해의 명주와 신라의 용무늬 비단이며, 들리는 것은 변환의 가야금이며, 신라의 만만파 쉬는 피리며, 백제의 공후도 있고 고려의 국악도 있더라. 한놈이 기쁨을 이기지 못하여,

"이제는 내가 님나라에 다다랐구나."

하고 기꺼워 나서니, 님나라의 모든 물건도 한놈을 보고 반기는 듯하더라. 님을 뵈려고 하나 하늘같이 높으시고 바다같이 넓으시고 해같이 밝으시고 달같이 둥그시고 봄같이 따뜻하고 가을같이 매우사 한놈의 좁은 눈으로는 볼 수가 없다. 그 좌우에 모셔 앉으신 이는

신앙에 굳으신 동명성제, 명림답부.

치제에 밝으신 백제 초고대왕, 발해 선왕.

이상이 높으신 진흥대왕, 설원랑.

역사에 익으신 신지선인, 이문진, 고흥, 정지상.

국문에 힘쓰신 세종대왕, 설총, 주시경.

육군에 능하신 발해태조, 연개소문, 을지문덕.

해군에 용하신 사법명, 정지, 이순신.

강토를 개척하신 광개토왕, 동성대제, 윤관, 김종서.

법전을 편찬한 을파소, 거칠부.

망국 말엽에 두 손으로 하늘을 받들던 백제의 부여 복신, 고구려의 검모잠.

나라가 어지러워 흔들리는 시대에 한칼로 외적을 물리치고 나라를 편히 하던 고려의 최영, 강감찬, 이조의 임경업.

외지에 식민*한 서언왕, 엄국시조, 고죽시조.

타국에 가서 왕이 된 고운, 이정기, 김준.

사후에 용이 되어 일본을 도륙하려던 신라 문무대왕.

계림의 개가 되어도 일본의 신하는 아니 된다던 박제상.

홍건적 이백만을 토평하고 간계에 죽던 정세운.

우리 나라 여덟 성인을 제사 지내고 금나라를 치려던 묘청.

중국 홍수에 오행치수의 줄로 하우를 가르친 부루태자.

한 척의 작은 배로 대해를 건너 섬나라 야만종을 개화시킨 혜자선사, 왕인박사.

안시성에서 당태종 이세민의 눈을 뺀 양만춘.

용인읍에서 살례탑의 가슴을 맞추던 김윤후.

---

* 식민(殖民) 주로 외국의 영토나 미개지에 자국민의 이주, 정착을 촉진하여 개발과 지배를 진전시키는 일.

교육계의 종주가 되어 사해를 쓸리게 하던 영랑, 남랑.

국수의 무너짐을 놀래어 화랑을 중흥하려던 이지백.

동족에 대한 의분으로 발해를 구원하려던 곽원, 왕가도.

왕실을 지키려 하여 피 흘리던 이색, 정몽주, 두문동의 칠십일현.

강자를 제재함에는 암살을 유일한 신성으로 깨달은 밀우, 유유, 황창, 안중근.

넘어지는 큰 집을 붙들려고 의로운 깃발을 올린 이강년, 허위, 전해산, 채응언.

조촐한 우리 나라의 여자 몸으로 어찌 도적에게 더럽히리오 하던 낙화암의 비빈들, 임진년의 논개, 계월향.

출가한 사람으로 나라 일이야 잊을소냐 하던 고구려의 칠불, 고려의 현린선사, 이조의 서산대사, 사명당.

국학에는 비록 도움이 없지만 일방의 교문에 통달하여 조선의 빛을 보탠 불학의 원효, 의상, 유학의 회재, 퇴계.

세상에 상관 없는 물외한인*이지만 청풍고절*의 한유한, 이자현, 연진수도의 참시, 정염.

건축으로 거룩한 임류각, 황룡사 등의 건축자.

미술로 신통한 만불산 홍구유의 제조자.

산술로 부도, 그림으로 솔거, 음률로 우륵, 옥보고, 칼을 잘 만드는 가락국의 공장, 맹호를 맨손으로 때려 잡는 발해의 장사, 성력의 오윤부, 이술의 전우치, 귀귀래래시로 물질불멸의 원리를 말한 화담 서경덕, 폭군은 베어도 가하다 하여 '충신불사이군'의 노예설을 반대한 죽도 정여립, 철주자를 발명한 바치, 비행기의 시조 정평구.

이 밖에도 눈 큰 이, 입 큰 이, 팔 긴 이, 몸 굵은 이, 어느 때 외국과

---

* 물외한인(物外閑人) 번잡한 세상 물정을 벗어나 한가롭게 지내는 사람.
* 청풍고절(淸風孤節) 정신이 맑고 절개가 남다름.

싸워 이긴 이, 어느 곳에서 백성에게 큰 공덕을 끼친 이, 철학에 밝은 이, 도덕에 높은 이, 물리에 사무친 이, 문학에 잘한 이, 한놈이 듣지도 보지도 못하던 선민들도 많으며 또 한놈이 그 자리에서 보고 이제 기억지도 못할 이도 많아 이 책에 올리지 못하거니와, 대개 이 때 한놈의 마음은 님나라에 온 것이 기쁠 뿐만 아니라, 여러 선왕·선성·선민들을 뵈옴이 고맙더라.

님나라에는 이렇게 모여 무슨 일을 하시는가 하고 한놈이 눈을 들어본즉, 이상도 하고 기묘하기도 하다. 다른 것 하는 것은 아무것도 없고 오직 낱낱이 비를 만들더니 긴 막대기에 꿰어 드니 그 길이가 몇천 길, 몇만 길인지 모를러라. 그 비를 일제히 들더니 곧 하늘에 대고 썩썩 쓴다. 한놈이 놀라 일어나며,

"하늘을 왜 씁니까? 땅에는 먼지나 있다고 쓸지만 하늘이야 왜 씁니까?"

모두 대답하시되,

"하늘을 못 보느냐? 오늘 우리 하늘은 땅보다도 먼지가 더 묻었다."

하시거늘 한놈이 두루 하늘을 살펴보니 온 하늘에 먼지가 뽀얗게 덮이었더라.

몇 천 몇 만의 비들이 들이대고 부리나케 쓸지만 이리 쓸면 저쪽이 뽀얗게 되고 저리 쓸면 이쪽이 뽀얗게 되어 파란 하늘은 어디 갔는지 옛책에서도 옛이야기에서도 듣지도 못 하던 하늘이 머리 위에 덮이었더라.

"하늘도 뽀얀 하늘이 있습니까?"

한놈이 소리를 질러 물으니 누구이신지 누런 옷 입고 붉은 띠 맨 어른이 대답하신다.

"나도 처음 보는 하늘이다. 님 나신 지 3500년경부터 하늘이 날마다 푸른 빛은 날아가고 뽀얀 빛이 시작하더니, 한 해 지나 두 해 지나

4240여 년 오늘에 와서는 푸른 빛은 거의 없어지고 소경 눈같이 뽀얗게 되었다. 그런즉, 대개 칠백 년 동안에 난 변이요, 이 앞서는 이런 변이 없었나니라."

하더니 그만 목을 놓고 우는데 울음소리가 장단에 맞아 노래가 되더라.

하늘이 제 빛을 잃으니 그 나머지야 말할소냐
태백산이 높이가 줄어 석 자도 못 되고
압록강이 터를 떠나 오백 리나 이사 갔고나
아가 아가 우리 아가
네 아무리 어려도 잠 좀 깨어라
무궁화 꽃 핀 가지에 찬바람이 후려친다.

그이가 노래를 마치더니,
"한놈아."

하고 부르더니, 서쪽을 가리키거늘 한놈이 쳐다보니 해와 달이 같이 나란히 떠오르는데 테두리가 다 네모가 나고 빛은 다 새까맣거늘, 보는 한놈이 더욱 놀래어,

"하늘이 뽀얗고 해와 달이 네모지며, 또 새까마니 이것이 님나라가 인간 세계와 다른 특색입니까?"

한데, 그이가 깜짝 뛰며,

"그게 무슨 말이냐? 하늘이 푸르고 해와 달이 둥글며 힘은 님나라나 인간이 다 한가지인데, 지금 이렇게 된 것은 큰 변이니라."

한놈이,

"님의 힘으로 이를 어찌하지 못합니까?"

그이가 눈물을 흘리며 가라사대,

"님나라에야 무슨 변이 나겠느냐? 때로는 모두 봄이요, 땅은 모두 금

이요, 짐승도 사람같이 착하니 무슨 변이 나겠느냐? 다만 이천만 인간이 지은 얼로 하늘을 더럽히고 해와 달도 빛이 없게 만들었나니, 아무리 힘인들 이를 어찌하리오."

한놈이,

"인간에서 얼만 안 지으면 해도 옛 해가 되고 달도 옛 달이 되고 하늘도 옛 하늘이 되겠습니까?"

그이가 가라사대,

"암 그 이를 말이냐? 대개 고려 말세부터 별별 하늘이 우리 진단*에 들어오는데 공자 석가는 더 말할 것 없고 심지어 보살의 하늘이며, 제군의 하늘이며, 관우의 하늘이며 도사의 하늘까지 들어와 님의 하늘을 가리워 이천만 사람의 눈이 한쪽으로 뒤집혀서 보고 하는 일이 모두 딴전이 되어 국전과 국보가 턱턱 무너지기 시작할 새, 역사의 제 일장에 우리 님 단군을 빼고…… 부여를 제쳐 놓고, 한 나라 반역자 위만으로 정통을 가지게 하며, 고구려의 혈통인 발해를 물리어 북맥이라 하며, 백제의 용감함을 싫어하여 이를 도가 없는 나라라고 하며, 우리의 윤리를 버리고 외국의 문교로 대신하며, 만일 국수*를 보존하려 하는 이 있으면 도리어 악형으로 죽을 새, 죽도 선생 정여립이 구월산에 들어가 단군에게 제사 지내고 시대의 악착한 풍기를 고치려 하여 '충신불사이군'이 성인의 말이 아니라고 외쳤나니, 이는 사상계의 사자후이어늘 진안 죽도사에서 무모한 칼에 육장이 되고 그나마 현상이며 명장이며 위인이며 제자며 장수며 협객이 이 뿐얀 하늘 밑에서 몹쓸 죽음 한 이가 얼마인지 알 수 없나니, 이제라도 인간에서 지난 일의 잘못됨을 뉘우쳐 하고, 같이 비를 쓸어 주면 이 하늘과 이 해와 달이 제대로 되기 어렵지 아니하리라."

---

* 진단(震檀) 우리 나라를 예스럽게 이르는 말.
* 국수(國粹) 그 나라나 국민이 지닌 고유한 장점.

하며 눈물이 비 오듯 하거늘 한놈이 크게 느끼어 '그러면 한놈부터 내 책임을 다하리라' 하고 곧 '비를 줍소서' 하여 하늘에 대고 죽을 판 살 판 쓸 새, 무릇 삼칠은 이십일 일을 지나니, 손이 부풀어 이리저리 터지고, 팔이 아파 비를 들을 수 없었고, 두 눈이 며칠 굶은 사람처럼 쑥 들어가 힘을 다시 더 쓸 수 없는데, 하늘을 쳐다본즉 여전히 뽀얗더라. 한놈이 이어,

"내 힘은 더 쓸 수 없으나 또 내 뒤를 이어 이대로 힘쓰는 이 있으면 설마 하늘이 푸르러질 날이 있겠지."
하고 이 뜻으로 가갸 풀이를 지었는데,

가갸 거겨 가자가자, 하늘 쓸러 걸음 걸음 나아가자
고교 구규 고되기는 고되지만, 굳은 마음은 풀릴소냐
그기 가 그믐밤에 달이 나고, 기운 해 다시 뜨도록
나냐 너녀 나 죽거든 네가 하고, 너 죽거든 나 또 하여
노뇨 누뉴 놀지 말고, 하고 보면 누구라서 막을소냐
느니 나 늦은 깊을 늦다 말고, 이 악물고 주먹 쥐자
다댜 더뎌 다 닳은들 칼 아니랴, 더 갈수록 매운 마음
도됴 두듀 도령님의 넋을 받아 두려운 놈 바이 없다.
드디 다 드릴 곳 있으리니 지경 따라 서고 지고
라랴 러려 나팔 불고, 북도 쳤다. 너나 말고 칼을 빼자.
로료 루류 로동하고, 싸움하여 수만 명에 첫째 되면
르리 라 르르릉 아라, 르릉 아리아 자기 아들같이
마먀 머며 마마님도 구경 가오 먼동 곳에 봄이 왔소
모묘 무류 모든 사람, 모두 몰아 무쇠 팔뚝 내두르며
므미 마 먼 데든지 가깝든지, 밀어치며 나아갈 뿐
사샤 서셔 사람마다 옳고 보면, 서슬 있어 푸르리라

소쇼 수슈 소름 끼치는 도깨비도 수켓에야 어이하리
스시 사 스승님의 뜻을 받아 세로 가로 뛰고 지고
아야 어여 아무런들, 내 아들이 어미 없이 컸다 마라
오요 우유 오죽이나 오랜 나라 우리 박달 우리 겨레
으이 아 웅웅 우는 아가라도, 이 정신은 차리리라.

막 자쟈 저져를 읽으려 하니, 뽀얀 하늘 한가운데서 새파란 하늘 한
쪽이 내다보며 그 속에서 소리가 난다.
"한놈아 네 아무리 성력이 깊지만 한갖 성력으로는 공을 이루기 어려
우리니 그리 말고 남이 설치한 '도령군' 을 가서 구경하여라."
한놈이,
"도령군이 무엇입니까?"
물은대,
"아! '도령군' 을 모르느냐? 역사를 본 사람으로……."
하거늘 한놈이 눈을 감고 앉아 역사를 생각하니,
'대개 도령은 신라의 화랑을 말함이라. 〈삼국사기〉 악지에 설원랑이
지었다는 도령 노래가 곧 화랑의 노래니 도령은 음을 번역한 것이요,
화랑은 뜻을 번역한 것인데 화랑의 처음은 곧 신라 때에 된 것이 아
니라, 곧 단군 시조가 태백산에 내려올 때 삼랑과 삼천도를 거느림이
화랑의 비롯이요, 천왕랑 해모수*가 무리 수백 명을 거느리고, 웅심
산에 모임도 또한 화랑의 놀음이요, 고구려의 선인은 곧 화랑의 별명
인데, 동맹은 선인의 천제이며, 백제의 소도는 화랑의 별명인데, 천
군은 또 소도 제사의 신명이라. 이름은 시대를 따라 변하였으나 정신
은 한가지로 전하여 모험이며, 상무며, 가무며, 학식이며, 애정이며,

---

* 해모수(解慕漱) 북부여의 전설적인 왕. 천제의 아들로서 하백의 딸 유화와 정을 통해 고구려
의 시조 주몽을 낳았다 함.

단결이며, 열성이며, 용감으로 서로 인도하여 고대에 이로써 종교적 상무정신을 이루어, 지키면 이기고, 싸우면 물리쳐, 크게 나라의 영광을 발휘한 것이 다 신라의 진흥대왕이 더 큰 이상과 넓은 배포로 폐될 것을 없애고 미와 굳셈을 더 보태어 화랑사의 신기원을 연 고로, 영랑, 남랑의 교육이 사해에 퍼지고, 사다함, 김흠춘 등 소년의 피 꽃이 역사에 빛내었나니, 비록 사대주의의 노예였던 김부식으로도 화랑 이백 명의 아름다운 이름과 아름다운 일을 찬탄함이라.

그 뒤에 문헌이 없어졌으므로 어떻게 쇠하고 어떻게 없어짐을 자세히 알 수 없으나, 〈고려사〉에 보매 현종 때 거란이 수십만 대병으로 우리에게 덤빌 때 이지백이 생각하되 화랑은 막을 정신이 있으리라 하며, 예종이 조서로 남랑, 영랑 등 모든 화랑의 자취를 보존하라 하며, 의종도 팔관회에 화랑을 뽑아 고풍을 떨칠 뜻을 가졌었나니, 이 때까지도 '도령군' 곧 화랑의 무리가 국중에 한자리 가졌던 일을 볼지나 이 뒤에 어떻게 되었느냐.'

외우며 생각하고 생각하며 외우더니, 하늘이 다시 소리하거늘,

"네가 역사 속에 있는 것을 어렵게 생각한다만 다만 한 가지 또 있다. 고려사 최영전에 최영이 명나라 태조인 주원장과 싸우려 할 새, 고구려가 승군 삼만으로 당나라 병사 백만을 깨쳤으니 이제도 승군을 뽑으리라 하였는데, 그 이른바 고구려 승군은 곧 선인군이니 마치 신라의 화랑도 같은 것이라, 그 혼인을 멀리하고 가사를 돌보지 않음이 중과 같은 고로 고대에도 혹 그 이름을 승군이라고도 하며, 최영은 더욱 선인이나 화랑의 제도를 회복할 수 없어 중으로 대신하려 하여 참말로 불가의 중을 뽑음이나, 만일 최영이 죽지 않고 고려가 망하지 않았다면, 님이 세우신 화랑의 도가 오백 년 전에 벌써 중흥하였으리라."

하시거늘 한놈이 고마운 마음을 이기지 못하여 땅에 엎드려 절하고,

"한놈이 도령군 곧 화랑이 우리 역사의 뼈요, 나라의 꽃인 줄을 안 지 오래오며, 또 이를 발휘할 마음도 간절하오나, 다만 신지의 비사나, 거칠부의 선사나, 김대문의 화랑세기 같은 책이 없어지므로, 그 원류를 알 수 없어 짝 없는 유한을 삼았더니, 이제 님이 '도령군'을 구경하라 하시니, 마음에 감사함이 비할 곳 없사오니, 원컨대 바삐 길을 인도하사 평생에 보고 지고 하던 '도령군'을 보게 하옵소서."

하며 어린아기 어미 찾듯 자꾸 님을 부르더니, 하늘에서 붉은 등 한 개가 내려오며, 앞을 인도하여 오색의 내를 지나 옥으로 된 뫼를 넘어 한 곳에 다다르니, 돌문이 있는데, 금 글씨로 새겼으되, '도령군 놀음 곳'이라 하였더라.

문 앞에 한 장수가 서서 지키는데, 한놈이,

"님나라 서울로부터 구경하러 왔으니, 들어가게 하여 주소서."

한즉,

"네가 바칠 것이 있어야 들어가리라."

하거늘,

"바칠 것이 무엇입니까? 돈입니까? 쌀입니까? 무슨 보배입니까?"

"그것이 무슨 말이냐? 돈이든지 쌀이든지 보배이든지는 인간에게 귀한 것이요, 님나라에서는 천한 것이니라."

"그러면 무엇을 바랍니까?"

"다른 것 아니라 대개 정이 많고 고통이 깊은 사람이라야 우리의 놀음을 보고 깨닫는 바 있으리니, 네가 인간 삼십여 년에 눈물을 몇 줄이나 흘렸느냐? 눈물 많은 이는 정과 고통이 많은 이며, 이 놀음에 참여하여 상등 손님이 될 것이요, 그 나머지는 중등 손님, 하등 손님이 될 것이요, 아주 적은 이는 들어가지 못하느니라."

"어려서 젖 달라고 울던 눈물도 눈물입니까?"

"아니다, 그 눈물은 못 쓰나니라."

"열하나 열둘 먹던 때에, 남과 싸우다가 분하여 운 눈물도 눈물입니까?"

"아니다, 그 눈물도 값 없나니라."

"그러면 오직 나라 사랑이며, 동포 사랑이며, 큰 적에 대한 의분의 눈물만 듭니까?"

"그러니라. 그 눈물에도 참과 거짓을 고르느니라."

이렇게 받고 차기로 말하다가 좌우를 돌아보니, 한놈의 보통 때 친구들도 어디로부터 왔는지 문 앞에 그득하더라.

이제 눈물의 정구가 되는데 한놈의 생각에는 내가 가장 끝이 되리로다. 나는 원래 무정하여 내가 인간에 대하여 뿌린 눈물은 몇 방울이나 셀 것인가?⋯⋯ (이하 탈락)

부록

작가와 작품 스터디

● 이해조 (1869~1927)

이해조는 경기도 포천에서 태어났으며, 일생을 신소설 창작에 힘썼다. 신소설이란 본격적인 근대화가 시작된, 이른바 개화기에 등장한 소설 양식으로, 개화기 이전의 고대 소설 또는 고전 소설에 맞서는 명칭이기도 하다. 이해조는 이러한 시기에 〈자유종〉을 비롯해 〈모란병〉, 〈구마검〉, 〈구의산〉, 〈화세계〉, 〈탄금대〉 등 풍속을 바로잡고 사회를 각성케 하는 신소설 수십여 편을 발표했으며, 〈춘향전〉, 〈심청전〉, 〈별주부전〉과 같은 고대 소설을 신소설화하여 개작 발표하기도 했다.

● 장지연 (1864~1921)

장지연은 조선 고종 때의 언론인으로, 1905년 일본에 의해 강제적으로 을사 조약이 체결되자, '시일야방성대곡(오늘에 목놓아 우노라.)'이라는 사설을 써서 민족적 울분을 표현하였다. 그 뒤 만민 공동회, 대한 자강회와 같은 조직을 만들어 활동하였으며, 저서에 〈유교연원〉, 〈동국 유사〉, 〈대한 강역고〉 등이 있다.

● 신채호 (1880~1936. 호는 단재)

신채호는 독립 운동가이자 사학자 · 언론인 · 문학자로 활발한 활동을 펼친 사람이다. 문필 활동 초기에는 신문에 강직한 논문을 실어 독립 정신을 북돋우는 데 주력하였다. 그러다가 중국으로 건너가 독립 운동에 투신하는 한편 국사 연구와 저술에 힘썼다. 이러한 활동 때문에 일본 경찰에 체포되어 옥사하였다.

● **자유종** 1919년에 발간된 이해조의 대표작 중 하나이다. 등장 인물은 모두 여성이며, 내용의 처음부터 끝까지 대화로 되어 있어 '토론 소설'이라는 표제가 붙어 있다. 글의 내용은 이매경 여사의 생일 잔치에 모인 신설헌, 홍국란, 강금운 등 네 신여성이 나누는 토론이 주를 이룬다. 이들은 민족, 국가, 사회, 교육, 학문 등의 폭넓은 분야에 걸쳐 밤새도록 이야기하는데, 그 중에서도 여권 문제에 가장 중점을 두고 있다.

● **구마검** 1908년에 씌어진 신소설로, 미신에 깊이 빠져 몰락의 길을 걷게 되는 함진해와 그의 집안을 그림으로써, 미신을 타파해야 한다는 작가의 의지를 강하게 드러내고 있는 작품이다. 주인공 함진해가 미신에 빠지게 되는 계기는 무지 몽매한 세 번째 부인 최씨를 맞아들이면서부터이다. 함진해는 우연한 계기로 자신의 사사로운 비밀을 알게 된 무당 금방울의 속임수에 넘어가 가산을 몽땅 탕진해 버리고 만다.

● **애국부인전** 프랑스의 성녀이자 애국 소녀인 잔 다르크의 생애를 번역하여 기술한 전기 소설이다. 1907년에 발간되었으며, 작품에 사용된 문체나 어휘로 미루어볼 때, 중국에서 출판된 문헌을 바탕으로 하여 번안한 것으로 짐작된다. 몹시 위태로웠던 당시의 우리 나라 정세를 감안할 때, 나라를 구한 영웅적인 인물 이야기를 통해 부국 강병을 이루고자 했던 역술자의 민족주의적인 저항 정신을 잘 엿볼 수 있다.

● **꿈하늘** 1916년에 발표된 신채호의 단편 소설인데, 발표지가 확인되지 않았고 작품도 모두 6장 중에서 끝부분과 3장의 대부분이 탈락되어 있다. 내용은 구국 운동에 몸 바친 주인공 한놈의 환상적인 체험을 그린 것으로, 한놈은 한국사의 순례를 통해 나라를 위해 목숨 바친 선인의 정신을 배우고, 이로써 민족의 참다운 자주 독립을 실현하고자 하는 정신적 각성을 하게 된다.

논술 가이드

〈자유종〉의 두 대목입니다. 제시문을 읽고 다음 문제에 답하시오.

[문항 1]

> 활멸사라 하는 사회가 있는데 그 사회 중에 두 당파가 있으니, 하나는 '자활당' 이라 하여 그 주의인즉, 교육을 확장하고 상공을 연구하여 신공기를 흡수하며 (중략) 하나는 '자멸당' 이라 하니 그 주의인즉, 우리 나라가 이왕 이 지경에 빠졌으니 제갈공명이 있으면 어찌하며, 격란사돈이 있으면 무엇 하나, (후략)

> 이 방문을 사람마다 베껴다가 시험할 새 그 약을 방문대로 잘 먹고 나면 병 낫기는 더 할 말이 없고 또 마음이 청상해지며 환골탈태가 되는데 매미와 뱀과 같이 묵은 허물을 일제히 벗어 버립디다.

(1) 첫번째 글은 신설헌의 꿈 이야기이고 두 번째 글은 이매경의 꿈 이야기입니다. 위 꿈 이야기에 등장하는 '자활당', '자멸당' 의 대립이 보여 주는 의미는 무엇이며, '허물' 은 무엇을 비유하는지 생각해 봅시다.

----

(2) 〈자유종〉은 소설이라고는 하지만 오늘날에 쓰여진 현대 소설과는 내용이나 양식 면에서 많은 차이점이 있습니다. 어떠한 점들이 다른지 말해 봅시다.

〈구마검〉의 두 대목입니다. 제시문을 읽고 다음 문제에 답하시오.

[문항 2]

> 그 명목이 썩 많으니, 세간 놓는 데 손보기, 음식 보면 고수레하기, 새 그릇 사면 쑥으로 뜨기, 쥐구멍을 막아도 토왕 보기, 닭을 잡아도 터주에 빌기, 까마귀만 울어도 살풀이하기, 족제비만 나와도 고사 지내기.

> 제석 · 삼신 · 호구 · 궁웅 · 말명 · 여귀 등 각색 명목과 터주 · 성주 등물을 모두 쓸어내다 마당 가운데에 쌓아놓고 성냥 한 가지를 드윽 그어 불을 질러 태워 버리고, 다시 구기라고는 손톱 반머리만치도 아니 보는데, 그 뒤로는 그같이 뻔한 날이 없이 우환이 잦던 집안 식구가 돌림감기 한 번을 아니 앓고, 아이들이 나면 젖주룹도 없이 숙성하게 잘 자라니.

(1) 첫번째 글은 최씨 부인의 미신 사설로, 〈흥부전〉에 실린 놀부의 심술 사설과 형식이 비슷합니다. 그 밖에도 이 작품에는 〈흥부전〉과 유사점이 많은데, 함진해와 놀부, 함일청과 흥부 사이에 어떠한 공통점이 있는지 말해 봅시다.

----

(2) 두 번째 글은 이 작품의 마지막 부분입니다. 결말에 실린 내용을 통해 이 작품의 주제가 무엇인지 말해 봅시다.

〈애국부인전〉의 한 대목입니다. 제시문을 읽고 다음 문제에 답하시오.

[문항 3]

한번 노예가 되면 일평생을 남에게 구박과 압제를 입어 영원히 하늘날을 볼 날이 없지 않소. 심지어 재물과 산업도 필경 남에게 **빼앗긴** 바가 될 것이요, 조상의 분묘도 남에게 파냄이 될 것이요, 나의 처자도 남에게 음욕을 당할 것이오. 애급(이집트) 나라를 보았소. 옛날에 유태국 사람을 어떻게 참혹하게 대접하였소. 이것이 다 우리의 거울이 아니오. 저러한 사정이 다 유태국 사기에 자세히 있지 아니하오. 우리 나라도 비록 이 지경이 되었으나 여러 동포가 동심 협력하여 발분진기하면 오히려 일맥 성기가 있겠거늘, (후략)

---

(1) 윗글은 약안(잔 다르크)이 민중 앞에서 행한 연설의 일부입니다. 이 작품에서 작가가 잔 다르크를 모델로 하여 무엇을 이야기하고자 했는지를, 위 글을 참고로 하여 생각해 봅시다.

---

(2) 〈애국부인전〉은 그 내용이 전기문과 크게 다를 것이 없을 정도로 매우 사실적인 것이 특징입니다. 잔 다르크가 여자의 몸으로 수많은 군사를 이끌고 용감히 싸우는 모습에서 어떠한 인상을 받았는지 자신의 느낌을 말해 봅시다.

첫번째 글은 〈꿈하늘〉의 한 대목이고, 두 번째 글은 〈자유종〉의 한 대목입니다. 제시문을 읽고 다음 문제에 답하시오.

[문항 4]

> 대개 고려 말세부터 별별 하늘이 우리 진단에 들어오는데 공자 석가는 더 말할 것 없고 심지어 보살의 하늘이며, 제군의 하늘이며, 관우의 하늘이며, 도사의 하늘까지 들어와 님의 하늘을 가리워 이천만 사람의 눈이 한쪽으로 뒤집혀서 보고 하는 일이 모두 딴전이 되어 국전과 국보가 턱턱 무너지기 시작할 새, 역사의 제일장에 우리 님 단군을 빼고 (후략)

> 우리 동양 제일 종교는 세계의 독일무이하신, 대성지성하신 공부자(공자) 아니시오. 그 말씀에 정대한 부자·군신·부부·형제·붕우에 일용 상행하는 일을 의논하사 사람으로 하여금 사람되는 도리를 가르치시니, (후략)

(1) 위의 두 글을 통해 두 작품의 작가가 '공자'에 대해 품고 있는 생각이 크게 다르다는 것을 엿볼 수 있습니다. 두 작가가 만나 공자에 대한 토론을 벌인다면 각각 어떻게 다른 주장을 펼칠 것인지 상상하여 써 봅시다.

----

(2) 〈꿈하늘〉에 나오는 일곱 놈은 모두 당시 국민의 현실 대처 모습을 대표하고 있는데, 예를 들어 둣놈은 일제에 협력하는 민족 반역자라 할 수 있습니다. 그 밖의 다른 동지들은 어떠한 사람들을 나타내고 있는지 생각해 봅시다.

〈베스트논술 한국대표문학〉(전60권) 목록

권별	작품	작가
1	무정 I	이광수
2	무정 II	이광수
3	무명 · 꿈 · 옥수수 · 할멈	이광수
4	감자 · 시골 황 서방 · 광화사 · 붉은 산 · 김연실전 외	김동인
5	발가락이 닮았다 · 왕부의 낙조 · 전제자 · 명문 외	김동인
6	배따라기 · 약한 자의 슬픔 · 광염 소나타 외	김동인
7	B사감과 러브레터 · 서투른 도적 · 술 권하는 사회 · 빈처 외	현진건
8	운수 좋은 날 · 까막잡기 · 연애의 청산 · 정조와 약가 외	현진건
9	벙어리 삼룡이 · 뽕 · 젊은이의 시절 · 행랑 자식 외	나도향
10	물레방아 · 꿈 · 계집 하인 · 별을 안거든 우지나 말 걸 외	나도향
11	상록수 I	심훈
12	상록수 II	심훈
13	탈춤 · 황공의 최후 / 적빈 · 꺼래이 · 혼명에서 외	심훈 / 백신애
14	태평 천하	채만식
15	레디메이드 인생 · 순공 있는 일요일 · 쑥국새 외	채만식
16	명일 · 미스터 방 · 민족의 죄인 · 병이 낫거든 외	채만식
17	동백꽃 · 산골 나그네 · 노다지 · 총각과 맹꽁이 외	김유정
18	금 따는 콩밭 · 봄봄 · 따라지 · 소낙비 · 만무방 외	김유정
19	백치 아다다 · 마부 · 병풍에 그린 닭이 · 신기루 외	계용묵
20	표본실의 청개구리 · 두 파산 · 이사 외 / 모범 경작생	염상섭 / 박영준
21	탈출기 · 홍염 · 고국 · 그믐밤 · 폭군 · 박돌의 죽음 외	최서해
22	메밀꽃 필 무렵 · 낙엽기 · 돈 · 석류 · 들 · 수탉 외	이효석
23	분녀 · 개살구 · 산 · 오리온과 능금 · 가을과 산양 외	이효석
24	무녀도 · 역마 · 까치 소리 · 화랑의 후예 · 등신불 외	김동리
25	하수도 공사 / 지맥 / 그 날의 햇빛은 · 갈가마귀 그 소리	박화성 / 최정희 / 손소희
26	지하촌 · 소금 · 원고료 이백 원 외 / 경희	강경애 / 나혜석
27	제3인간형 / 제일과 제일장 외 / 사랑 손님과 어머니 외	안수길 / 이무영 / 주요섭
28	날개 · 오감도 · 지주 회시 · 환시기 · 실화 · 권태 외	이상
29	봉별기 · 종생기 · 조춘점묘 · 지도의 암실 · 추등잡필	이상
30	화수분 외 / 김 강사와 T교수 · 창랑 정기 / 성황당	전영택 / 유진오 / 정비석

권별	작품	작가
31	민촌 / 해방 전후 · 달밤 외 / 과도기 · 강아지	이기영 / 이태준 / 한설야
32	소설가 구보씨의 일일 / 장삼이사 · 비오는 길 / 석공 조합 대표 / 낙동강 · 농촌 사람들 · 저기압	박태원 / 최명익 송영 / 조명희
33	모래톱 이야기 · 사하촌 외 / 갯마을 / 혈맥 / 전황당인보기	김정한 / 오영수 / 김영수 / 정한숙
34	바비도 외 / 요한 시집 / 젊은 느티나무 외 / 실비명 외	김성한 / 장용학 / 강신재 / 김이석
35	잉여 인간 / 불꽃 / 꺼삐딴 리 · 사수 / 연기된 재판	손창섭 / 선우휘 / 전광용 / 유주현
36	탈향 외 / 수난 이대 외 / 유예 / 오발탄 외 / 4월의 끝	이호철/ 하근찬/ 오상원/ 이범선/ 한수산
37	총독의 소리 / 유형의 땅 / 세례 요한의 돌	최인훈 / 조정래 / 정을병
38	어둠의 혼 / 개미귀신 / 무진 기행 · 서울 1964년 겨울 외	김원일 / 이외수 / 김승옥
39	뫼비우스의 띠 / 악령 / 식구	조세희 / 김주영 / 박범신
	관촌 수필 / 기억 속의 들꽃 / 젊은 날의 초상	이문구 / 윤흥길 / 이문열
40	김소월 시집	김소월
41	윤동주 시집	윤동주
42	한용운 시집	한용운
43	한국 고전 시가와 수필	유리왕 외
44	한국 대표 수필선	김진섭 외
45	한국 대표 시조선	이규보 외
46	한국 대표 시선	최남선 외
47	혈의 누 · 모란봉	이인직
48	귀의 성	이인직
49	금수 회의록 · 공진회 / 추월색	안국선 / 최찬식
50	자유종 · 구마검 / 애국부인전 / 꿈하늘	이해조 / 장지연 / 신채호
51	삼국유사	일연
52	금오신화 / 홍길동전 / 임진록	김시습 / 허균 / 작자 미상
53	인현왕후전 / 계축일기	작자 미상
54	난중일기	이순신
55	흥부전 / 장화홍련전 / 토끼전 / 배비장전	작자 미상
56	춘향전 / 심청전 / 박씨전	작자 미상
57	구운몽 · 사씨 남정기	김만중
58	한중록	혜경궁 홍씨
59	열하일기	박지원
60	목민심서	정약용

〈베스트 논술 한국대표문학〉에 실린 소설과 교과서 대조표

*〈베스트 논술 한국대표문학〉에 실린 소설과 현행 국어·문학 18종 교과서의 수록 내용을 비교·분석하였다.

● 초등 학교 교과서(국어)

금오신화, 구운몽, 심청전,
흥부전, 토끼전, 박씨전,
장화홍련전, 홍길동전

● 국정 교과서

작품	작가	교과목
고향	현진건	고등 학교 문법
동백꽃	김유정	중학교 국어 2-1, 중학교 국어 3-1
벙어리 삼룡이	나도향	중학교 국어 1-1
봄봄	김유정	고등 학교 국어(상)
사랑 손님과 어머니	주요섭	중학교 국어 2-1
오발탄	이범선	중학교 국어 3-1
운수 좋은 날	현진건	중학교 국어 3-1

● 고등 학교 문학 교과서

작품	작품	출판사
감자	김동인	교학, 지학, 디딤돌, 상문
갯마을	오영수	문원, 형설
고향	현진건	두산, 지학, 청문, 중앙, 교학, 문원, 민중, 블랙, 디딤돌
관촌 수필	이문구	지학, 문원, 블랙
광염 소나타	김동인	천재, 태성

금 따는 콩밭	김유정	중앙
금수회의록	안국선	지학, 문원, 블랙, 교학, 대한, 태성, 청문, 디딤돌
김 강사와 T교수	유진오	중앙
까마귀	이태준	민중
꺼삐딴 리	전광용	지학, 중앙, 두산, 블랙, 디딤돌, 천재, 케이스
날개	이상	문원, 교학, 중앙, 민중, 천재, 형설, 청문, 태성, 케이스
논 이야기	채만식	두산, 상문, 중앙, 교학
닳아지는 살들	이호철	천재, 청문
동백꽃	김유정	금성, 두산, 블랙, 교학, 상문, 중앙, 지학, 태성, 형설, 디딤돌, 케이스
두 파산	염상섭	문원, 상문, 천재, 교학
등신불	김동리	중앙, 두산
만무방	김유정	민중, 천재, 두산
메밀꽃 필 무렵	이효석	금성, 상문, 중앙, 교학, 문원, 민중, 블랙, 디딤돌, 지학, 청문, 천재, 케이스
모래톱 이야기	김정한	디딤돌, 교학, 문원
모범경작생	박영준	중앙
뫼비우스의 띠	조세희	두산, 블랙
무녀도	김동리	천재, 지학, 청문, 금성, 문원, 민중, 케이스

작품	작가	출판사
무정	이광수	디딤돌, 금성, 두산, 교학, 한교
무진기행	김승옥	두산, 천재, 태성, 교학, 문원, 민중, 케이스
바비도	김성한	민중, 상문
배따라기	김동인	상문, 형설, 중앙
벙어리 삼룡이	나도향	민중
복덕방	이태준	블랙, 교학
봄봄	김유정	디딤돌, 문원
붉은 산	김동인	중앙
B사감과 러브레터	현진건	교학
사랑 손님과 어머니	주요섭	중앙, 디딤돌, 민중, 상문
사수	전광용	두산
사하촌	김정한	중앙, 문원, 민중
산	이효석	문원, 형설
서울, 1964년 겨울	김승옥	문원, 블랙, 천재, 교학, 지학, 중앙
성황당	정비석	형설
소설가 구보씨의 일일	박태원	중앙, 천재, 교학, 대한, 형설, 문원, 민중
수난 이대	하근찬	교학, 지학, 중앙, 문원, 민중, 디딤돌, 케이스
애국부인전	장지연	지학, 한교
어둠의 혼	김원일	천재
역마	김동리	교학, 두산, 천재, 태성, 형설, 상문, 디딤돌

역사	김승옥	중앙
오발탄	이범선	교학, 중앙, 금성, 두산
요한 시집	장용학	교학
운수 좋은 날	현진건	금성, 문원, 천재, 지학, 민중, 두산, 디딤돌, 케이스
유예	오상원	블랙, 천재, 중앙, 교학, 디딤돌, 민중
자유종	이해조	지학, 한교
장삼이사	최명익	천재
전황당인보기	정한숙	중앙
젊은 날의 초상	이문열	지학
젊은 느티나무	강신재	블랙, 중앙, 문원, 상문
제일과 제일장	이무영	중앙
치숙	채만식	문원, 청문, 중앙, 민중, 상문, 케이스
탈출기	최서해	형설, 두산, 민중
탈향	이호철	케이스
태평 천하	채만식	지학, 금성, 블랙, 교학, 형설, 태성, 디딤돌
표본실의 청개구리	염상섭	금성
학마을 사람들	이범선	민중
할머니의 죽음	현진건	중앙
해방 전후	이태준	천재
혈의 누	이인직	천재, 금성, 민중, 교학, 태성, 청문
홍염	최서해	상문, 지학, 금성, 두산, 케이스
화수분	전영택	태성, 중앙, 디딤돌, 블랙

〈베스트 논술 한국대표문학〉에 실린 시와 교과서 대조표

* 〈베스트 논술 한국대표문학〉에 실린 시와 현행 국어 · 문학 18종 교과서의 수록 내용을 비교 · 분석하였다.

작품	작가	출판사
가는 길	김소월	지학, 블랙, 민중
가을의 기도	김현승	블랙
겨울 바다	김남조	지학
고향	백석	형설
국경의 밤	김동환	지학, 천재, 금성, 블랙, 태성
국화 옆에서	서정주	민중
귀천	천상병	지학, 디딤돌
귀촉도	서정주	지학
그 날이 오면	심훈	지학, 블랙, 교학, 중앙
그대들 돌아오시니	정지용	두산
그 먼 나라를 알으십니까	신석정	교학, 대한
껍데기는 가라	신동엽	지학, 천재, 금성, 블랙, 교학, 한교, 상문, 형설, 청문
꽃	김춘수	금성, 문원, 교학, 중앙, 형설
끝없는 강물이 흐르네	김영랑	디딤, 교학
나그네	박목월	천재, 블랙, 중앙, 한교
나룻배와 행인	한용운	문원, 블랙, 대한, 형설
남신의주 유동 박시봉방	백석	지학, 두산, 상문

작품	작가	출판사
남으로 창을 내겠소	김상용	지학, 한교, 상문
내 마음은	김동명	중앙, 상문
내 마음을 아실 이	김영랑	한교
농무	신경림	지학, 디딤, 금성, 블랙, 교학, 형설, 청문
누가 하늘을 보았다 하는가	신동엽	두산
눈길	고은	문원
님의 침묵	한용운	지학, 천재, 두산, 교학, 민중, 한교, 태성, 디딤돌
떠나가는 배	박용철	지학, 한교
머슴 대길이	고은	디딤돌, 천재
먼 후일	김소월	청문
모란이 피기까지는	김영랑	지학, 천재, 금성, 형설
목계 장터	신경림	문원, 한교, 청문
목마와 숙녀	박인환	민중
바다와 나비	김기림	금성, 블랙, 한교, 대한, 형설
바위	유치환	금성, 문원, 중앙, 한교
별 헤는 밤	윤동주	문원, 민중
봄은 간다	김억	한교, 교학
봄은 고양이로다	이장희	블랙

작품	작가	출판사
불놀이	주요한	금성, 형설
빼앗긴 들에도 봄은 오는가	이상화	지학, 천재, 문원, 블랙, 디딤돌, 중앙
산 너머 남촌에는	김동환	천재, 블랙, 민중
산유화	김소월	두산, 민중
살아 있는 것이 있다면	박인환	대한, 교학
살아 있는 날은	이해인	교학
생명의 서	유치환	한교, 대한
샤갈의 마을에 내리는 눈	김춘수	지학, 블랙, 태성
서시	윤동주	디딤돌, 민중
설일	김남조	교학
성묘	고은	교학
성북동 비둘기	김광섭	지학
쉽게 씌어진 시	윤동주	지학, 디딤돌, 중앙
승무	조지훈	지학, 디딤돌, 금성
알 수 없어요	한용운	중앙, 대한
어서 너는 오너라	박두진	디딤돌, 금성, 한교, 교학
오감도	이상	디딤돌, 대한
와사등	김광균	민중
우리가 물이 되어	강은교	지학, 문원, 교학, 형설, 청문, 디딤돌
우리 오빠의 화로	임화	디딤돌, 대한
울음이 타는 가을 강	박재삼	지학, 교학
자수	허영자	교학

작품	작가	출판사
자화상	노천명	민중
절정	이육사	지학, 천재, 금성, 두산, 문원, 블랙, 교학, 태성, 청문, 디딤돌
접동새	김소월	교학, 한교
조그만 사랑 노래	황동규	문원, 중앙
즐거운 편지	황동규	지학, 형설, 청문
진달래꽃	김소월	천재, 태성
청노루	박목월	지학, 문원, 상문
초토의 시 8	구상	지학, 천재, 두산, 상문, 태성
초혼	김소월	디딤돌, 금성, 문원
타는 목마름으로	김지하	디딤돌, 금성, 문원, 민중
풀	김수영	지학, 금성, 민중, 한교, 태성
프란츠 카프카	오규원	천재, 태성
피아노	전봉건	태성
해	박두진	두산, 블랙, 민중, 형설
해에게서 소년에게	최남선	지학, 천재, 금성, 두산, 문원, 민중, 한교, 대한, 형설, 태성, 청문, 디딤돌
향수	정지용	지학, 문원, 블랙, 교학, 한교, 상문, 청문, 디딤돌

〈베스트 논술 한국대표문학〉에 실린 시조와 교과서 대조표

*〈베스트 논술 한국대표문학〉에 실린 시조와 현행 국어·문학 18종 교과서의 수록 내용을 비교·분석하였다.

작품	작가	출판사
가노라 삼각산아	김상헌	교학, 형설
가마귀 눈비 맞아	백팽년	교학
가마귀 싸우는 골에	정몽주 어머니	교학
강호 사시가	맹사성	디딤돌, 두산, 교학
고산구곡	이이	한교
공명을 즐겨 마라	김삼현	지학
구름이 무심탄 말이	이존오	천재
국화야 너난 어이	이정보	블랙
녹초 청강상에	서익	지학
농암가	이현보	민중
뉘라서 가마귀를	박효관	교학
님 그린 상사몽이	박효관	천재
대추볼 붉은 골에	황희	중앙
도산 십이곡	이황	디딤돌, 블랙, 민중, 형설, 태성
동짓달 기나긴 밤을	황진이	지학, 천재, 금성, 두산, 문원, 교학, 상문, 대한
마음이 어린후니	서경덕	지학, 금성, 블랙, 한교
말없는 청산이요	성혼	지학, 천재
방안에 혔는 촉불	이개	천재, 금성, 교학
백구야 말 물어보자	김천택	지학
백설이 자자진 골에	이색	지학
삭풍은 나무끝에	김종서	중앙, 형설
산촌에 눈이 오니	신흠	지학

작품	작가	출판사
삼동에 베옷 닙고	조식	지학, 형설
산인교 나린 물이	정도전	천재
수양산 바라보며	성삼문	천재, 교학
십년을 경영하여	송순	지학, 금성, 블랙, 중앙, 한교, 상문, 대한, 형설
어리고 성긴 매화	안민영	형설
어부사시사	윤선도	금성, 문원, 민중, 상문, 대한, 형설, 청문
오리의 짧은 다리	김구	청문
오백년 도읍지를	길재	블랙, 청문
오우가	윤선도	형설
이몸이 죽어가서	성삼문	지학, 두산, 민중, 대한, 형설
이시렴 부디 갈다	성종	지학
이화에 월백하고	이조년	디딤돌, 천재, 두산
이화우 흣뿌릴 제	계랑	한교
재너머 성권농 집에	정철	천재, 형설
천만리 머나먼 길에	왕방연	문원, 블랙
청산리 벽계수야	황진이	지학
추강에 밤이 드니	월산대군	천재, 금성, 민중
춘산에 눈녹인 바람	우탁	디딤돌
풍상이 섞어 친 날에	송순	지학, 청문
한손에 막대 잡고	우탁	금성
훈민가	정철	지학, 금성
흥망이 유수하니	원천석	천재, 중앙, 한교, 디딤돌, 대한

⟨베스트 논술 한국대표문학⟩에 실린 수필과 교과서 대조표

* ⟨베스트 논술 한국대표문학⟩에 실린 수필과 현행 국어 · 문학 18종 교과서의 수록 내용을 비교 · 분석하였다.

작품	작가	출판사
가난한 날의 행복	김소운	천재
가람 일기	이병기	지학
구두	계용묵	디딤돌, 문원, 상문, 대한
그믐달	나도향	블랙, 태성
꼴찌에게 보내는 갈채	박완서	태성
나무	이양하	상문
나무의 위의	이양하	문원, 태성
낭객의 신년 만필	신채호	두산, 블랙, 한교
딸깍발이	이희승	지학, 디딤돌, 청문
멋없는 세상 멋있는 사람	김태길	중앙
무궁화	이양하	디딤돌
백설부	김진섭	지학, 천재, 형설, 태성, 청문
생활인의 철학	김진섭	지학, 태성
수필	피천득	지학, 천재, 한교, 태성, 청문
수학이 모르는 지혜	김형석	청문
슬픔에 관하여	유달영	문원, 중앙
웃음설	양주동	교학, 태성
은전 한 닢	피천득	금성, 대한
이야기	피천득	지학, 청문
인생의 묘미	김소운	지학
지조론	조지훈	블랙, 한교
청춘 예찬	민태원	금성, 블랙
특급품	김소운	교학
폭포와 분수	이어령	지학, 블랙
피딴 문답	김소운	디딤돌, 금성, 한교
행복의 메타포	안병욱	교학
헐려 짓는 광화문	설의식	두산

베스트 논술 한국 대표문학 ㊿

자유종 · 애국부인전 외

지은이 이해조/장지연/신채호
펴낸이 류성관
펴낸곳 SR&B(새로본닷컴)
주 소 서울특별시 마포구 망원동 463-2번지
전 화 02)333-5413
팩 스 02)333-5418
등 록 제10-2307호
인 쇄 만리 인쇄사